Beltz Ta

Über dieses Buch:
Den Zustand der Menschen und Kulturen erkennt man an ihren
Heilswörtern, in der Neuzeit zum Beispiel Aufklärung, Fortschritt und Leistung. In der Richtung, in die diese Wörter wiesen, hat man Erfüllung oder Rettung gesucht.
Wenn ein Wort genannt werden sollte, das eine solche Erwartung heute ausdrückt, es hieße wohl »Kreativität«. Dieses Wort
steckt voller Versprechungen. Jeder weiß es zu nutzen, keiner
mag es entbehren, es ist gleichermaßen beliebt bei Technikern
und Umweltschützern, Wirtschaftsführern, Pädagogen und Poli-
tikern.
Hartmut von Hentig, dem schon eine rigorose Kritik und zugleich energische Rehabilitation des Begriffs »Bildung« zu ver-
danken ist, prüft in seinem Essay die wahre und angemaßte Bedeutung des Heilswortes »Kreativität«. Klar und konzentriert
legt er dar, wie unbestimmt Begriff und Tatbestand sind und wie
ungedeckt die mit »Kreativität« verbundenen Behauptungen
und Forderungen.
Eine dringend notwendige und höchst aktuelle Klarstellung, die
die Inflation, Verlogenheit und Beliebigkeit des sogenannten
»Schöpferischen« aufdeckt, um dann zu einer positiven Bestimmung zu gelangen: Kreativität als wichtiges Gegenmittel, als
notwendiges Korrektiv in Gesellschaften, die dazu neigen, alles
durchzurationalisieren, die die Spontaneität, die Irregularität
und damit Humanität unterdrücken, um den Plan und die Ordnung einzuhalten.

Der Autor:
Hartmut von Hentig, geb. 1925, Professor emeritus für Pädagogik an der Universität Bielefeld, war bis 1987 Wissenschaftlicher
Leiter der Laborschule und des Oberstufenkollegs des Landes
Nordrhein-Westfalen.
Als Beltz Taschenbuch auch lieferbar sind seine Bücher »Bildung«, »Ach, Die Werte!«, »Fahrten und Gefährten«, »Die Schule
neu denken« und »Warum muss ich zur Schule gehen?« sowie
als Originalausgabe »Der technischen Zivilisation gewachsen
bleiben«.

Hartmut von Hentig

Kreativität

Hohe Erwartungen an einen schwachen Begriff

Besuchen Sie uns im Internet:
www.beltz.de

Beltz Taschenbuch 67
2000 Beltz Verlag, Weinheim und Basel

3. Auflage

Lizenzausgabe mit Genehmigung des
Carl Hanser Verlag München Wien
© 1998 Carl Hanser Verlag München Wien
Umschlaggestaltung: Federico Luci, Odenthal
Umschlagillustration: Jackson Pollock, Reflection of the Big Dipper/
Widerschein des Großen Bären, auch:
Sternbild der Große Wagen, 1947 (Detail);
Stedelijk Museum Amsterdam; © VG Bild-Kunst, Bonn 2000
Satz: Reinhard Amann, Aichstetten
Druck und Bindung: Druck Partner Rübelmann, Hemsbach
Printed in Germany

ISBN 978-3-407-22067-7

Für Hans-Jochen Vogel,
der Kreativität auch aus der Ordnung gewinnt,
in Verehrung und Zuneigung

Inhalt

Festgefahren

Den Zustand der Menschen und Kulturen erkennt man an ihren Heilswörtern, und die Geistesgeschichte ist dieser Einsicht gefolgt, hat die alten Griechen aus der *arete* und dem *agon* gedeutet, die Römer aus *fides* und *pietas*, das Mittelalter aus *huld* und *maze*, aus Reich und *ordo*, die Neuzeit aus *humanitas*, Aufklärung, Fortschritt, Leistung – aus Wörtern, die man in der jeweiligen Epoche gebrauchte als Richtmaß für die Vorstellung vom ihr aufgetragenen Leben. Dieses war zwar selten tatsächlich so, wie es die Wörter verlangten – an Tauglichkeit und Bestheit orientiert oder an Achtung gebunden oder in Ritterlichkeit gebändigt und nach Gottes Willen geeint und so fort –, aber in der Richtung, in die die Wörter wiesen, hat man Erfüllung oder Rettung gesucht.

Wenn ein Wort genannt werden sollte, das eine solche Erwartung der heutigen Menschen ausdrückt und bestimmt, es hieße, glaube ich, »Kreativität«. Nicht Information, nicht Kommunikation, nicht Naturverträglichkeit, nicht Solidarität, nicht Globalisierung? Doch, auch diese! Aber an ihren alltäglichen Anforderungen ist unsere Glaubenskraft schon ermüdet; sie sind Institutionen zugewiesen; sie wecken nur noch »durchschnittliche« Aufmerksamkeit oder Furcht wie die janusköpfige letztere. Anders ist's beim Wort »Kreativität«. Es steckt noch voller Versprechungen. Jeder weiß es zu benutzen, keiner mag es entbehren, keiner kritisiert es. Es ist gleichermaßen beliebt bei Technikern und Umweltschützern, Wirtschaftsführern und Pädagogen, den schwarzen, roten, grünen und blau-gelben Parteien.

Im Unterschied freilich zu den anderen genannten Erkennungswörtern ist nicht von vornherein klar, ob die Hochschätzung von einer pessimistischen oder einer optimistischen Betrachtung herrührt. Also *entweder*: Dieses Merkmal ist allgemein angesagt, wird endlich als notwendiges Instrument der Lebensbewältigung erkannt, hilft und funktioniert schon und wird uns vollends voranbringen, wenn wir es energisch weiterentwickeln und einsetzen. *Oder*: Kreativität bezeichnet in erster Linie unsere Not, eine schmerzlich empfundene und schwer aufhebbare Entbehrung; wir haben nicht, was wir brauchen; in dem beschwörenden Gebrauch, den wir von dem Wort machen, spricht sich ein verdecktes Urteil über unsere Lage aus: *We are stuck, and we should be afloat.*

Über diese Unentschiedenheit schiebt sich eine weitere: ob Kreativität als Ziel oder als Mittel gesehen und erstrebt werde; *das Ziel* – ein in schöpferischen Akten und nicht mehr in notwendigen, not-wendenden Funktionen sich erfüllendes Leben; *das Mittel* – eine Alternative zu Abarbeiten und Planerfüllung, zu Weitermachen-wie-bisher-nur-eben-besser und Gleichverteilung der Lasten über die Zeit und unter die Menschen. Das Ziel mag auch anderen Epochen vorgeschwebt haben – nun, heißt es, sei es erreichbar. Das

Mittel hat es gewiß schon immer gegeben – nun, heißt es, müsse man es systematisch ausbilden.

Kreativität als Ziel und Kreativität als Mittel werden beide die Bildung beanspruchen und verändern, und sie tun es in ganz unterschiedlicher Weise. Über ein Mittel muß man sicher verfügen; tut man das nicht, richtet es Unheil an. Ziele stehen zur Wahl. Aber ein nur halb verstandenes, nicht wirklich geglaubtes Ziel wird man nicht ernstlich erstreben und also auch nicht erreichen. Darum muß man beides prüfen, bevor man sich auf eine neue pädagogische und, in der Folge davon, auf eine neue politische Leitidee einläßt.

Prüfen muß man vollends, was es mit der ersten Unentschiedenheit – zwischen gesteigerter Hoffnung und gleichsam letzter Hoffnung – auf sich hat. Um es gleich zu sagen: Beide Möglichkeiten bereiten mir gleichermaßen Unbehagen – die erstere, weil sie nicht zutrifft, die letztere, sofern sie zutrifft. Die enthusiastischen Erwartungen an die Kreativität und an die von ihr freizusetzenden Kräfte sind im doppelten Sinn »falsch«, nicht nur trügerisch, sondern betrügerisch. Die davon reden, sollten jedenfalls wissen, wie beschränkt die Möglichkeit ist, Kreativität zu mobilisieren, sie sollten wissen, wie ungeklärt Begriff und Tatbestand sind und wie ungedeckt die damit verbundenen Behauptungen und Forderungen.

Sie sollten auch wissen, daß Kreativität allein – ohne einen Maßstab, ohne Einigung auf und Anstrengung für das, was in der abendländischen Tradition das Gute Leben heißt – keinen Sinn hat. Ja, wir müßten sie fürchten, also als »fürchterlich« hinstellen, wenn sie sich als Ziel verselbständigte. Sie ist ein wichtiges Gegen-Mittel, ein notwendiges Korrektiv in Gesellschaften, die dazu neigen, alles »durchzurationalisieren«, die die Spontaneität, die Irregularität und damit die Humanität unterdrücken, um den Plan und die Ordnung einzuhalten. Auch nach dem »Sieg über den Sozialismus« könnte das unser Problem sein – und selbst dann wird uns Kreativität nur nützen, wenn wir zugleich Gemeinsinn, Disziplin, (geprüftes) Wissen und vernünftige Selbstbeschränkung aufbringen.

Andererseits ist der in dem Not-Schrei nach Kreativität zum Ausdruck kommende Zustand des Festgefahrenseins, der Ausweglosigkeit, des Endes rationaler Arbeits- und Handlungsweise mit Sicherheit noch nicht erreicht – seine Feststellung hat defätistische Wirkung. Hier muß geprüft werden, was Kreativität vor allem als Mittel taugt – wie man es zu verstehen und einzusetzen hat.

Die Begründung meiner Skepsis wird den Hauptteil meines Essays ausfüllen: die Musterung eines schillernden Sachverhalts und eines leichtfertigen Sprachgebrauchs. Das macht auch mir Mühe. Das Ergebnis wird Ernüchterung und Bescheidung in beidem sein. Diese Möglichkeit auszumalen dürfte sogar Freude machen – den Lesern wie mir.

Forschungsgeschichte

Das Wort Kreativität ist aus Amerika zu uns gekommen, wo es seine eigene aufschlußreiche Vorgeschichte hat. Im Januar 1918 hatte man mit einem schon seit 1912 existierenden, nun für die Breitenanwendung umgearbeiteten Test 1,7 Millionen Rekruten auf ihre Intelligenz hin geprüft. Neben der Gesundheit war der so gemessene »IQ« der einzige objektivierbare Anhaltspunkt für die Tauglichkeit zum Zweck. Das Ergebnis hat, seit es bekannt wurde, die amerikanische Öffentlichkeit heftig und in immer neuen Wellen der Erregung beschäftigt: Bei 50 Prozent der jungen Männer lag der IQ – ein wissenschaftliches Konstrukt, keine Naturgröße – unter der »Normalbegabung«, 13 Prozent galten dem Test und seinen Definitionen zufolge als »höherbegabt« und 4,5 Prozent als »hochbegabt«.

Unabhängig vom Krieg, der so oder so durchgekämpft werden mußte – was macht man mit einer solchen Erkenntnis? Da der Test kunstvoll alle Folgen von Bildungs- und Trainingsvorgängen ausschloß, um ein Grundvermögen der jeweiligen Person festzustellen, war dem hartnäckig schlechten Ergebnis nur beizukommen, indem man entweder nachwies, wo und wie andere Einflüsse doch mit eingegangen waren, oder indem man seine Bedeutung relativierte: andere Eigenschaften als ebenso wichtig oder gar als wichtiger erwies – jedenfalls für die Leistungen, die die amerikanische Gesellschaft schätzt. (Wobei dann auch hierüber – über die Ideale oder Werte oder Notwendigkeiten – gestritten wurde!) Die Verlegenheit steigerte sich, als in wiederholten Untersuchungen die Durchschnittswerte bei Schwarzen niedriger waren als bei Weißen. Wofür war dann der IQ ein ernstzunehmender Hinweis? Was dieser Test erbrachte, war unvereinbar mit der Grundphilosophie des amerikanischen Volkes – »All men are created equal« (zweiter

Absatz der Unabhängigkeitserklärung) – und war doch gleichzeitig die Folge einer anderen Grundüberzeugung: daß man sich der *evidence*, dem wissenschaftlichen Nachweis zu beugen hat.

Es gab zwei Möglichkeiten: entweder die Intelligenz der einzelnen zu steigern *(to boost intelligence)*, was in begrenztem Umfang möglich ist und eingeleitet wurde; oder aber nach einem anderen Faktor Ausschau zu halten. Was ließ sich messen wie Muskel- und Organfunktion, wie Sehkraft und Blutdruck und war für Leistungen in unserer Zivilisation ebenso ausschlaggebend wie der IQ?

Einen neuen zwingenden Anlaß zu solchen Überlegungen erhielt man durch den Wettbewerb, der nach dem Zweiten Weltkrieg zwischen den USA und der UdSSR ausbrach. Was gab den Sowjets den gemutmaßten und gefürchteten Vorsprung in der wissenschaftlich-technischen Entwicklung, der zunächst nur militärisch wirksam war, sich aber gewiß bald in anderen Lebensbereichen geltend machen würde? Man durfte nicht nur, man mußte ganz neu fragen: Was meinen wir, wenn wir »begabt« sagen? Begabt wofür? Womit? Wodurch? Woran erkennbar? Wie steigert man diese wichtige Ressource, die man damals *human capital* zu nennen begann? Durch ein anderes Auswahl- und Förderungssystem? Durch eine Verbreiterung und Anhebung der Basis, aus der man auswählt? Durch eine andere Pädagogik, die auf andere Ziele gerichtet ist?

Schon in den fünfziger Jahren hatte man sich hierbei vom einfachen, ganz am Denkvermögen ausgerichteten Kriterium des IQ zu lösen begonnen. Zunächst, indem man ein anderes Denkvermögen danebenstellte: *divergent thinking*, ein abweichendes Denken. J.P. Guilford, der diese Unterscheidung 1950 vortrug, legte dabei die Tatsache zugrunde, daß Intelligenztests so gut wie nichts zutage fördern, was man »kreativ« nennen würde.* Wir verstünden zwar allerhand von Intelligenz, aber was den schöpferischen Menschen ausmache, wüßten wir nicht.

Man hatte bis dahin offensichtlich nicht zwischen erwarteter und unerwarteter, eigenwilliger, ungewöhnlicher Leistung unterschieden. Die letztere wird von Personen erbracht, die sich Neuem, Nicht-vor-Augen-Liegendem, Spekulativem öffnen. Die in den Schulen, im Beruf, in den Tests gestellten Aufgaben sind jedoch normal, konkret, auf bewertbare Ergebnisse ausgerichtet. In der Folge von Guilfords Überlegungen hat man noch andere Entgegensetzungen vorgenommen: an Sicherheit *oder* Wachstum orientiert, an Verteidigung *oder* Offenheit und dergleichen mehr.

Nach dem technischen Leistungsnachweis der sowjetischen Raumfahrt in Gestalt des Sputniks verließen Jacob W. Getzels und Philip W. Jackson die bisherigen Bemühungen, den Intelligenzbegriff so zu erweitern, daß die Antworten sowohl richtig und nützlich sind als auch akzeptabel werden. Sie fingen gleichsam von vorn an. In einem ersten Anlauf ermittelten sie alle Bedeutungen, die die Menschen mit »begabt« verbinden;

---

* J.P. Guilford *et al.*: A factor-analytic study of creative thinking II: administration of tests and analysis of results. *Reports from Psychology Laboratory*, Los Angeles: University of Southern California 1952, No. 8.

aus der gewaltigen Zahl dieser Bedeutungen destillierten sie 13 Kategorien heraus – von Intelligenz (die immer noch an erster Stelle stand) über Schulleistung, Moral, äußerliche Erscheinung bis hin zur Kreativität. Sie haben dann ein großes Sample von Schülerinnen und Schülern auf diese Eigenschaften hin untersucht – teils mit vorhandenen, teils mit eigens entwickelten Instrumenten. Aufgrund ihrer Befunde haben sie schließlich 9 von den 13 wieder ausgeschieden: weil sich für eine Bestimmung von Begabung zuwenig daraus ergab – beispielsweise aus »Gesundheit« oder aus »Breite der Interessen« oder aus »Unbeschwertheit« *(buoyancy)*. Es blieben *creativity*, *intelligence*, *morality* und *psychological adjustment* / Ausgeglichenheit.

Damit – mit der völligen Öffnung des Begriffshorizonts und seiner erneuten Verdichtung – hatten sie etwas Wichtiges erreicht: Neben dem, was der IQ angibt, standen von nun an noch andere Begabungsfaktoren mit zwar noch unbestimmtem, aber starkem Gewicht und mit der Intelligenz verbindbar und vergleichbar. Mit Staunen sieht man, wie schwer es sich eine ordentliche Wissenschaft macht, eine im Alltag geläufige, ja harmlose Selbstkorrektur vorzunehmen.

Das Buch von Getzels und Jackson heißt »Creativity and Intelligence. Explorations with Gifted Students«.* Der Titel gibt zu erkennen, was vor allem zu leisten war: die Beendigung der Alleinherrschaft der Intelligenz bei der Ermittlung, Beschreibung und Bewertung von Begabten. Aber was *ist* nun *creativity*?

---

* London/New York 1962 (John Wiley & Sons).

Ich entledige mich der analytischen Sprache, in der Getzels und Jackson dies ihren Lesern erklären, und gebe statt dessen Beispiele für die den Probanden gestellten Aufgaben – je eines für jeden Typ von Fragen:

– Was fällt dir bei dem Wort »Bolzen« ein? (Das englische *bolt* kann sowohl Substantiv als auch Verbum sein; ein solcher Test kann im Deutschen nur funktionieren, wenn wir die Großschreibung abschaffen.)

– Was kann man mit einem Backstein alles machen? (Oder: mit einem Zahnstocher, einer Büroklammer, einem Serviettenring.)

– Welche anderen Figuren stecken in dieser? (Es wird eine komplexe Figur vorgelegt.)

– Welche Probleme hat Mr. Smith, in welcher Reihenfolge kann er sie lösen? (Es folgt eine Geschichte von einem Mann, der ein Haus kaufen will, mit Angaben über den Kaufvertrag, die zu machende Anzahlung, die weiteren Raten, die Verzinsung, Versicherungskosten, Renovierungskosten, Heizungskosten, deren Verringerung bei einer Modernisierung, Isolierungsmaßnahmen, notwendige Neuanschaffungen, Einkommen, Vermögenslage, eine zu erwartende Erbschaft. Kurz: Es kommt darauf an, aus wenigen Daten so viele Probleme herauszulesen, wie möglicherweise in ihnen stecken, und ihre Abhängigkeit voneinander vorzustellen. Lösen muß der Proband die Probleme nicht.) Schließlich:

– Vollende die folgende Geschichte mit einem traurigen, einem komischen, einem moralischen Satz:

»Der tückische Hund

Ein Hund pflegte alle Passanten ohne jede Warnung anzufallen und sie in die Wade zu beißen. Sein Herr mußte ihm eine Schelle umhängen, so daß er jederzeit jeden auf sich aufmerksam machte, wo immer er ging. Dem Hund gefiel das nicht schlecht – nun lief er stolz klingelnd in der Stadt umher. Ein alter Hund schüttelte den Kopf und sagte: ...«

Und was wurde als »kreativ« bewertet? Bei der letzten Aufgabe die folgenden Antworten:

»Der Hund dürfte bald verrückt werden von dem ewigen Geklingel! (traurig) This is your plight, you dogs that bite! / Das hättste nicht gedacht, als du Zoff gemacht! (komisch) – Hochmut kommt vor dem Fall (moralisch).«

Als nicht kreativ galten die Antworten:

»Nun kannste nicht mehr beißen wie bisher. Jetzt können dir die Leute rechtzeitig ausweichen. Sieht so aus, als werde er die Leute nicht mehr belästigen.«

Wer den Backstein zum Bauen einer Mauer, zur Herstellung eines Kamins oder eines Bürgersteiges verwenden wollte, galt nicht als kreativ; als kreativ galt, wer sich den Backstein als Papierbeschwerer, als Türstopper, wenn erhitzt als Bettwärmer, wenn geworfen als Waffe, wenn ausgehöhlt als Aschbecher einfallen ließ.

Bevor wir urteilen, noch eine andere Aufgabe, die

zeigt, wie sich der Kreative vom Intelligenten unterscheidet: Den Versuchspersonen wurde ein Foto von einem Mann in einem sonst menschenleeren Büro vorgelegt. Sie sollten eine Geschichte dazu phantasieren. Hier die Geschichte eines Jungen mit hohem IQ:

»Da ist er, der ehrgeizige Bob – im Büro morgens um 6.30 Uhr! Jeden Morgen das gleiche. Er versucht seinem Chef klarzumachen, wie eifrig er ist. Jetzt wird er mir – denkt Bob – endlich das Gehalt erhöhen. Für all die Extraarbeit! Das Problem ist: Bob macht das nun schon seit drei Jahren, und der Chef hat das Gehalt immer noch nicht erhöht. Er wird um 9 Uhr das Büro betreten und gar nicht merken, daß Bob schon seit Stunden da ist. Bob wird die Gehaltserhöhung nicht bekommen.«

Hier die Geschichte des als kreativ Eingestuften:

»Dieser Mann ist gerade in das Büro der neuen Cornflakes-Firma eingebrochen. Er ist ein Werkspion der Konkurrenz und soll die Formel finden, nach welcher Methode die hier ihre Cornflakes dazu bringen, so biegsam, weich, schwabbelig zu sein. Nachdem er das ganze Büro gründlich durchsucht hat, stößt er schließlich auf etwas, was wie die neueste Formel aussieht. Eben schreibt er sie ab. Aber es ist die falsche – und die Fabrik der Konkurrenz fliegt in die Luft. Das nennt man ›Gerechtigkeit in der Dichtung‹.«

Der Unterschied ist deutlich: Der normale, »nur intelligente« Proband hält sich an die Vorlage und trägt aus, was an ebenfalls normaler Erfahrung in ihr steckt. Findet die Geschichte in einem Büro statt, dann handelt es sich um Büroarbeit und Büroprobleme. Der Kreative verläßt die Vorlage, nimmt sie zum Vorwand für die Entfaltung eigener Vorlieben – in diesem Fall für einen Krimi. Ähnlich steht es mit dem Backstein: Der »Normale« denkt im Rahmen der gegebenen Funktionen – ein Backstein ist zum Bauen da; zum Wärmen des Bettes gibt es Wärmflaschen, seine Briefe beschwert er mit einem eigens dafür gekauften Meteoriten, sein Türstopper ist aus Hartgummi und mit einer Schraube versehen. Man versteht, warum Lehrer einen Schüler mit hohem IQ einem Schüler mit hoher Kreativität vorziehen – unabhängig davon, welchen Rang sie der Kreativität in ihrer Bildungstheorie einräumen. Der eine tut, was er soll, der andere, was er will. Ein Einstein werden beide nicht.

Forschungsmängel

Anhand der Forschungsergebnisse hat sich unversehens eine Gegenüberstellung ergeben von *hier* unangepaßten, augenblicksgeleiteten, kühnen, eigenwilligen, witzigen und *da* angepaßten, in unserer Welt darum erfolgs- und zukunftsorientierten, braven, arbeitsamen Leuten. Wen die Gesellschaft vorzieht, wird davon abhängen, wozu sie wen braucht; und wie sehr sich die Gesellschaft dann um diese(n) bemüht, wird davon abhängen, ob es genug oder zu viele oder zu wenige davon gibt.

Daß die Untersuchungen darüber nichts sagen, daß die Forschung hier nicht weitergegangen, sondern bei der Darstellung des Typus stehengeblieben ist, bleibt verwunderlich – erklärlich nur durch die vorgängige Begeisterung für das Prinzip. Nun gibt es den »Kreativen«, er ist gleichsam konstituiert – wozu man ihn braucht, muß einem keine Forschung sagen, das weiß man doch.

Aber selbst den Typus hat die Forschung nur oberflächlich gezeichnet: Die Schöpferischen haben Träume und Visionen und lassen diese unbefangen (die Lehrer würden sagen: unsachlich und frech) in die Gegenwart ein; die Intelligenten hingegen widmen sich nüchtern der Lösung der Aufgabe. Soll das heißen, daß sie keine Träume und Visionen haben? Zeigt ihr Verhalten nicht in erster Linie an, daß sie sie um des geforderten Ergebnisses willen ausschließen?

Eine gewichtigere Schwäche der seit den sechziger Jahren herrschenden Bestimmung von Kreativität ist, daß sie sich ausschließlich an der Person festmacht, die ebendiese Eigenschaft hat. Es könnten ja auch Situationen sein, die die Menschen kreativ oder steril reagieren lassen, die sprichwörtliche Not, die Beine macht oder in der der Teufel Fliegen frißt, wie umgekehrt eine Prüfungssituation den Kandidaten lähmt; oder das Spiel als die Aufhebung des Ernstfalls und also der Furcht vor den Folgen; oder Partnerschaft, die Freundesrunde, der Streit; oder umgekehrt Stille, Konzentration, Abschließung (in der sich Anne Frank ihre Freundin Kitty ausdachte); oder die Erwartung der anderen; oder das schlechte Gedächtnis (wie viele Dinge erfinden alte Menschen täglich neu, weil sie sie auch täglich wieder vergessen!); oder die Langsamkeit*, gar die Langweile (Goethe nennt sie die »Mutter der Musen«, Epigramm 27, letzter Vers), die Leere, die nichtbesetzte Zeit; oder abermals umgekehrt die Entfesselung der Assoziationen (Montagsmaler); oder die Aufhebung der Wachsamkeit durch Alkohol, Drogen, den Halbschlaf (Sigmund Freuds »Tagträume«); oder umgekehrt die Herausforderung durch bestimmte Vorgaben und Aufgaben; oder die Lockerung von Geist und Seele durch den Spaziergang, die Entspannung durch Musik oder Bildbetrachtung, die Preisgabe der Denkökonomie in der Großmut des Gesprächs; nicht zuletzt verführen Macht und Reichtum zu übermütigen Einfällen, die sich ein Ohnmächtiger und Armer versagt. Man findet einige dieser Möglichkeiten als Techniken der Persönlichkeits- und Gedankenentfaltung wieder (*brain storming* / Synektik), als Elemente bestimmter Lernsysteme (Suggestopädie); aber man hat sie nicht in einer Theorie der Kreativität systematisch geprüft und in diese eingebaut. Man ist bei einer Aufteilung *hier* Begabung, die man hat, *da* Methoden, die diese zu nutzen erlauben, geblieben, im ersten oft einig, über die letzteren zerstritten. Man beweist sich mit empirischen Untersuchungen, daß die Gruppe fruchtbarer ist als der einzelne, und man beweist mit empirischen Untersuchungen das Gegenteil!

(Wie denn überhaupt – in Klammern sei es gesagt – die »Messung« der Kreativität in die gleichen Pro-

---

* Kürzlich ist ein Buch von Fritz Reheis erschienen mit dem Titel: Die Kreativität der Langsamkeit: Neuer Wohlstand durch Entschleunigung, Darmstadt 1996 (WB-Verlag).

bleme läuft wie die Messung der Intelligenz: Es ergeben sich peinliche Ungleichverteilungen zwischen
Schwarzen und Weißen, Männern und Frauen, Alten
und Jungen, niedrigen und gehobenen Sozialschich-
ten – und das zwangsläufig, weil die Testaufgaben samt
und sonders kulturhaltig sind, an Sprache, Vorstellungen, Gewohnheiten gebunden und eben alles andere
als *culture-free*.)

Nicht nur bestimmte Anlagen oder bestimmte Situationen können Kreativität auslösen, sondern auch
bestimmte Ansichten von und Einstellungen zu der
Welt. Der Existentialismus, der von uns verlangt, unser Leben selbst zu »entwerfen«, dürfte da förderlicher sein als eine Prädestinationslehre, Liberalismus
allemal förderlicher als Orthodoxie. – Darüber liest
man in der Kreativitätsforschung kein Wort. Und auch
nicht über den Willen zum Wahrnehmen, Denken und
Herstellen von Neuem, Niedagewesenem. Wie entsteht er? Ist er eher diesem als jenem Alter zuzuschrei-
ben? Kann man gegen seinen eigenen Willen kreativ
sein?

Daß man ein Potential, genannt Kreativität, nicht
bestimmen kann, ohne zu sagen, wofür, das wird nie-
mand ernstlich bestreiten. Die Forscher freilich werden entgegnen: Das hätten sie doch getan – durch die
Art der zu leistenden Bewährung. Das Vermögen auf
einzelne Gebiete festzulegen aber widerspreche dem
Begriff: Es gehe nicht um Musikalität oder die Auffas-
sungskraft für Zahlen und Abstraktionen oder eine
Begabung für Technik.

So hat denn die Kreativitätsforschung unter großem
Kreißen eine Maus geboren. Denn die im Test erwie-

sene Fähigkeit, sich von den Vorgaben zu lösen und außerhalb der üblichen Bahnen zu denken, ist zwar eine wichtige Voraussetzung für schöpferische Akte, aber weder die einzige noch eine hinreichend sichere und vor allem keine unbekannte, die man mit großem wissenschaftlichen Aufwand herausfinden mußte. Wer kennt nicht die Scherzaufgaben: Neun Punkte im Quadrat angeordnet – in drei Reihen zu je drei Punkten – sind mit vier geraden, hintereinander zu ziehenden Strichen zu verbinden. Oder: Aus sechs Streichhölzern sind vier gleichseitige Dreiecke zu bilden. Nur wer in der ersten das Quadrat und in der zweiten die Ebene verläßt, findet die Lösung. Einstein veranschaulichte die Erfindungsgabe gerne anhand der Nähmaschine: Auf diese konnte nur einer kommen, der sich das Öhr auch an der Spitze der Nadel vorzustellen vermochte. Aber das Wagnis des Neuen allein macht noch keinen schöpferischen Akt aus, die Fähigkeit, sich vom Bewährten und Üblichen loszureißen, ergibt noch nichts, was ich würde »Kreativität« nennen wollen. Ich selber habe Einfälle, aber mir fehlt für eine funktionierende Lösung einer solchen Aufgabe die dazu auch nötige Konstruktivität. Mir hätte man eine fertige Nähmaschinennadel vor die Nase halten können – ich hätte nichts damit anzufangen gewußt. Und sage doch keiner, die als »kreativ« bewerteten Antworten des alten Hundes aus der Geschichte von Getzel und Jackson seien Ausweis einer nennenswerten schöpferischen Kraft! »Hochmut kommt *nach* dem Fall« wäre origineller gewesen und im doppelten Sinn treffend. Der Cornflakes-Krimi ist seinerseits ein Klischee, nur aus einer anderen Kiste. Unbefangen und witzig ist der Knabe, der, was ihm an schlechten Cornflakes zuwider ist, als Ergebnis einer besonderen und geheimgehaltenen Anstrengung der Cornflakes-Ingenieure darstellt, aber »schöpferisch« ist er noch nicht. (Nicht von ungefähr greife ich jetzt auf das deutsche Wort zurück.)

Nebenbei: Der Witz ist ein ebenso wirksamer wie erhellender Bestandteil der Kreativität. In Sigmund Freuds großer Abhandlung über ihn »und seine Beziehung zum Unbewußten«* finden sich die verlockendsten Stichworte dazu. Ersparter Hemmungsaufwand, »spielendes Urteil« (nicht arbeitendes!), »Sinn im Unsinn«, Entwaffnung durch das Unerwartete, Bloßstellung der (meist dummen und anmaßenden) Realität und Befreiung von ihr – das sind einige der Kennzeichnungen, die er für den Witz zusammengetragen oder selbst formuliert hat. Mit der Traumarbeit hat die Witztechnik viel gemein: Verdichtung, Verschiebung, Verwandlung – die momentane Wahrnehmung unbewußter Gedanken. Aber eben hieran wird deutlich, wie komplex die Tatbestände sind, die in dem Konstrukt »Kreativität« stecken, einem Konstrukt, das hauptsächlich den Erwartungen der vom Alten Enttäuschten an das Neue genügt. Und die Erwartungen sind, wie wir eingangs gesehen haben, unter den Menschen gründlich verschieden. Getzels und Jackson sind dem in ihren Untersuchungen wenigstens auf dem begrenzten Gebiet der Pädagogik und in dem begrenzten damit befaßten Personenkreis nachgegangen. Die

---

* Sigmund Freud: Der Witz und seine Beziehung zum Unbewußten (1905), Frankfurt a. M. 1958 (Fischer-Bücherei).

Erwartungen der Eltern und die Erwartungen der Lehrer hinsichtlich der Frage: Was ist wichtig für das Leben als Erwachsener? (S. 119) klaffen in allem auseinander außer in der Forderung nach »Zielstrebigkeit«. Und auch sie ist leer, wenn sie ohne Maßstab bleibt – ohne Angabe der Ziele selbst. Mit solchen formalen Tugenden kann ein gewissenhafter Pädagoge nichts anfangen. Sie sind, noch einmal sei es gesagt, allenfalls Korrektive zu einseitigen Vorstellungen, zum Beispiel, lebenstüchtig sei man mit hohem IQ, mit Realitätssinn, mit im Beruf verwendbaren Fertigkeiten *(factualism and usefulness),* oder eine freie Persönlichkeit werde man nur, wenn man sich unbekümmert um Ziele und Aufgaben »entfalte«.

Die Sache wird nicht besser, wenn man nun weitere Merkmale nachreicht: unabhängig, selbständig, kühn oder ursprünglich, unbefangen, originell oder neugierig, phantasievoll, spontan oder gar eigensinnig, widerspenstig, unberechenbar. Das sind Varianten eines Typs, der vor allem eines nicht sein soll: angepaßt. Warum man ihn sich – in welchen Lagen und in welchen Grenzen – so wünscht, sollte man freilich wissen und geprüft haben. Wie leicht sitzt man da selber einer Zwangsvorstellung auf. Die Suche beispielsweise nach einer einzigen und gemeinsamen Ursache und einem zusammenfassenden Begriff für die vielfältigen Befreiungsakte könnte selber das Merkmal einer angepaßten Denkweise sein: So verfährt man in unseren heutigen Humanwissenschaften – man subsumiert Erscheinungen unter einen Begriff; wer das für eine besonders breit gestreute Zahl von Erscheinungen leistet, ist ein wissenschaftlicher Meister. Und auch Verneinungen sind bedingt, ja gerade sie hängen von dem ab, was sie verneinen. Löst sich dieses aus irgendeinem Grunde auf, sind sie buchstäblich gegenstandslos.

Wer sagt, Kreativität sei eine Chance, muß a) wissen, was Kreativität ist, und b) eine Vorstellung haben, wie man sie erlangt oder bei anderen fördert. Beides ist in den Wissenschaften nur ganz unzureichend der Fall. Ihre Grundannahmen sind schlicht, ihre Instrumente ganz und gar von diesen bestimmt, ihre Ergebnisse trivial. Die drei von Getzels und Jackson eingeführten und seither gängigen Merkmale des Kreativen: Kühnheit des Denkens, »Zügel frei« für die Phantasie und schöpferische Tat sind letztlich nur Verneinungen von uns bedrohenden Perversionen: gebahntem Denken, gefesselter Phantasie, Dienst nach Vorschrift. Einverstanden – aber das ist erstens keine Offenbarung und zweitens herzlich allgemein.

Praxismängel

Vollends verrät uns keine der begrifflichen Bestimmungen und empirischen Daten, wie und wodurch man zu dem wird, was man so nennt. Die praktische Pädagogik hat durch den ebenso ausgedehnten wie emphatischen Diskurs über die Kreativität keine Hilfen bekommen; die neuen Erwartungen richten sich auf die neuen Medien; die Gegenstände sind die alten geblieben – und die Methoden weitgehend auch. Ende August habe ich einen großen internationalen Kongreß in Kopenhagen besucht: The Child in Play and Creativity. Ich habe an zwei sogenannten *workshops* teilgenommen. Der erste hieß: Fantastic Pictures, Music and Computers – ein Multimedia-Projekt für die Primarstufe und untere Sekundarstufe. Hier wurde vorgeführt, wie Kinder mit Hilfe von Computern Bilderfolgen herstellen, diese »animieren« und mit eigener Musik, sogenannten *soundscapes* (wie *landscapes*) unterlegen. Die Kinder konnten fertige Bildprogramme benutzen oder von hier und jetzt gemachten Digitalfotos ausgehen, sagen wir, von zwei Klassenkameraden. Diese speisen sie direkt in den Computer ein und »manipulieren« sie. Sie können deren Haarfarbe ändern, ihnen einen Kragen nach der Renaissance-Mode umlegen, ihre Augen zum Rollen und Sprühen bringen, sogar den Kopf abnehmen und durch einen anderen ersetzen – durch so viele, wie sie in das Programm stecken. Sie erfinden und sprechen einen Text und »komponieren« eine Musik, wie man sie vom Synthesizer kennt: Das Gerät verlangt nur eine Mini-Melodie von drei bis sechs Tönen, der Rest der »Symphonie« entsteht durch Knopfdruck. Auch damit kann man pfiffige Werke herstellen. Keines der uns vorgestellten Produkte freilich hatte so etwas wie Individualität; alle waren nach dem Vorbild von Videoclips gestaltet; und die befragten Kinder sagten, es habe anfangs wohl Spaß gemacht, aber so viel Zeit (mehrere Tage!) für ein so kurzes Ergebnis (wenige Minuten!) – das sei doch unbefriedigend.

Im zweiten *workshop* ging es um *computer graphics* als »schöpferisches Medium«. Der Lehrer ließ uns – wie sonst seine Schüler – selber herausfinden, was man alles mit dem Gerät und dem Programm »Kids-Art« machen kann. Zwei Momente sind dabei schöpferisch:

die Linienführung und die Wahl der mechanisierbaren Mittel – Kreise, Gerade, Ellipsen, Winkel, Schraffierungen, Vergrößerung, Verkleinerung, Vervielfältigung, regelmäßige Ornamente und Farben. Die Linienführung ist künstlich erschwert, indem das Auge – auf den Schirm gerichtet – die Hand dirigiert, die auf der Maus liegt. Die Wahl der Mittel ist begrenzt, aber zunächst größer, als der Neuling bewältigt. Ich vermute, daß man deren Handhabung in kurzer Zeit erlernt – in einem Bruchteil der Zeit, die man braucht, um ein geübter Zeichner und wirksamer Maler zu werden. Wird man so ein besserer Zeichner und Maler? Nun, vielleicht weil man dann auch mehr zeichnet und malt, übt man sich in einer größeren Zahl von Kompositionen, als man es mit Papier, Bleistift und Pinsel täte. Man wird auf diesem einen Gebiet *produktiver*. Wird man *kreativer*? Ich habe meine Zweifel mitgebracht und unangetastet wieder mit nach Hause genommen.

Im konventionellen Unterricht einer sympathischen Gesamtschule, die sich den Mitgliedern des Kreativitäts-Kongresses eigens geöffnet hatte, sah ich nichts, was ich nicht in meiner eigenen Schulzeit auch schon hätte erleben können. In einer Klasse von 7jährigen (dort ist es die erste Klasse) war ein aufrechtes Rechteck an die Tafel gezeichnet und in vier Felder geteilt. In jedem stand eine Ziffer – 1 bis 4. Vor jedem Kind lag ein DIN-A4-Bogen, vom Kind in gleicher Weise aufgeteilt, die Ziffern mit Bleistift in die linken oberen Ecken – nein, nicht geschrieben, sondern – abgemalt, gelegentlich falsch herum. Ich entnahm einem Lied und seinem »Quack-quack-quack« (man sang es wohl mir zuliebe noch einmal), daß es um einen Frosch ging. Es trat eine Pause ein, in der die Lehrerin mit 6 der 22 Kinder hinausging. Die zurückbleibenden verhielten sich brav, untätig, insofern auch unkreativ, als mich keiner auch nur ansah, geschweige denn mit anderen Mitteln die Sprachbarriere von sich aus zu überwinden suchte. (Das tat dann ich und erfuhr freundliche Erwiderung.) Nach geraumer Zeit, etwa fünf Minuten, kamen die anderen zurück, freudig erregt durch die ihnen zuteil gewordene Aufgabe. Drei trugen größere Glaskästen mit einem je gleichen »Habitat« – einem Schilfufer, in dessen einem Winkel auch ein in Kunststoff naturgetreu nachgebildeter Frosch saß. Die anderen trugen Stapel von Biologiebüchern. In diesen wurde umständlich, weil die Zahlen ja noch nicht bekannt waren, die Seite 31 aufgeschlagen, auf der sich ein Foto eines Frosches befand: Vorlage für die Illustration des Liedes mit dem Quack-quack-quack. Ich weiß, ich weiß: die Schule ist ein zähes Gebilde – und kreativitätsfördernder Unterricht ein beträchtliches Kunststück!

Die Ablösung vom Leitbild des Wissens oder der Denkleistungen hat der Förderung tatsächlicher Kreativität nichts eingebracht und den Unterricht unverändert gelassen. Nicht einmal der Zeichen- und Malunterricht, der Kunstunterricht, hat davon profitiert. Der hat sich – wie aller Unterricht – der Aufnahme und Wiedergabe verschrieben. Wäre ich Kultusminister, und man forderte von mir die Erhöhung der Stundenzahl für die Kunstfächer, weil doch in ihnen die uns so wertvolle Phantasie, die Eigenständigkeit, die schöpferischen Kräfte gefördert würden, ich gewährte sie nicht, nicht jedenfalls mit dieser Begründung und nicht ohne daß sich die »Fächer« gründlich ändern.

Es gibt vielmehr Gründe anzunehmen, daß das verschulte Zeichnen und Malen das spontane Zeichnen und Malen verdirbt, so wie verordnete Lektüre das Lesen und veranstaltetes Spiel das Spielen. Spiel ist Spiel, wenn es sich selbst gehört und nicht dem Einüben in »problemlösendes Verhalten« dient oder der »Erzeugung von Interaktionsbereitschaft« oder der »Entfaltung und Lockerung der Phantasie«.

Kluge Kreativitätsforscher sind bescheiden – sie wissen, daß sie keine Handlungsanweisungen geben können, sondern nur weniger Bewußtes bewußter machen, die für alle Kreativitätsförderung nötige Langmut anmahnen, auf Unterscheidungen drängen: Regellosigkeit ist noch keine Selbständigkeit, Unentschlossenheit ist etwas anderes als Ambivalenzen aushalten, ein Kollektiv ist keine Gemeinschaft und Einsamkeit nicht dasselbe wie Alleinseinkönnen; so machen Unbefangenheit und Selbstbewußtsein noch nicht den Menschen, den wir uns als Ablösung des Funktionärs, des Konsumenten, des Egomanen erhoffen – den Menschen, der Aufgaben und Probleme erkennt, den Kopf und die Sinne frei hat für mögliche ungewöhnliche Lösungen und den Mut zum Risiko, das darin steckt.

Deutsche Probleme

Ich habe mich durch die Dramatik der amerikanischen Kreativitäts-Geschichte dazu verführen lassen, fast ausschließlich von dieser zu reden. Ich bin kein Psychologe und weder in der amerikanischen noch in der deutschen Literatur zu diesem Thema wirklich bewandert. Aber schon das wenige, das ich aus beiden kenne, genügt, um mir die Unterschiede bewußtzumachen. Sie beginnen bedeutungsvoll mit der Tatsache, daß wir für das Wort *creativity* ernstlich keine deutsche Übersetzung haben, nur die Eindeutschung »Kreativität« oder schwerfällige Ersatzgebilde: schöpferische Begabung, das Schöpferische im Menschen, Schöpferisch-Sein – Wörter, die das Gemeinte zu einem eigenen Wesen verselbständigen und zudem noch die große Gebärde der Grundbedeutung des Schöpfens mit sich tragen. Die Unterschiede setzen sich fort in *hier* der spekulativen Auslegung des Begriffs, *dort* der empirischen Einkreisung der Bedeutungen und Phänomene, in *hier* der Neigung zur biographischen Analyse, zur Fallstudie, *dort* einer auffälligen Enthaltsamkeit gegenüber allem Personalen. Sigmund Freuds »Leonardo«, Ernst Kretschmers »Geniale Menschen«, Arthur Koestlers »Die Schlafwandler« und »Der göttliche Funke« scheinen mir kennzeichnend für den deutschen Zugang. Die Unterschiede kulminieren in Sätzen wie diesem von Paul Matussek: Der Begriff Kreativität »signalisiert ... einen unmerklichen Wandel im Selbstverständnis des Menschen«. Er stammt aus der Einleitung des Buches »Kreativität als Chance«*. Das Wort »Chance« meint hier nicht eine bessere Sicherung unseres Lebens im 20. Jahrhundert durch die Entdeckung eines neuen

---

* Paul Matussek: Kreativität als Chance. Der schöpferische Mensch in psychodynamischer Sicht. München 1974 (Piper), S. 7.

Mittels wie zum Beispiel der Basisdemokratie, der weltweiten Information und Kommunikation, der organisierten Selbsterfahrung, der professionellen Freizeitbeschäftigung und dergleichen. »Chance« meint die Möglichkeit einer neuen Deutung des Menschenlebens, ein anderes Ziel, von dem ich ganz am Anfang gesprochen habe.

Die Amerikaner glaubten Kreativität von der Intelligenz ablösen zu sollen. Matussek löst sie vom Genietum ab. »Schöpferisch-Sein ist... nicht ein Merkmal ganz weniger großer Geister.« (S. 7) Jeder kann schöpferisch sein – jeder sollte es aus der Sicht des Therapeuten. Der Begriff des Genies ist dabei hinderlich, nicht nur wegen der von Lombroso behaupteten Nähe zum Wahnsinn.

Die allgemeinen Merkmale der Kreativität übernimmt der Deutsche von den Amerikanern. Die konkrete Anschauung gewinnt er aus seiner Praxis: aus den Hemmungen, die die Kreativität verhindern, aus den Perversionen, die aus der Verhinderung entstehen. Zum Beispiel Hitlers »Zerstörungsdrang«, der der Zukunftslosigkeit seiner ihm so imponierend erscheinenden Kriegstaten entspringt. Ein Gegenbegriff zur Kreativität ist das »routinemäßig Geleistete«, das Geläufige, das Uneigentliche, das Matussek in Martin Heideggers Worten und Denkfiguren beschreibt: Gerede, Neugierde, Zweideutigkeit. Gerede heißt: »Die Sache ist so, weil man sie so sagt.« Und: »Das Gerede regiert auch die Neugier, es sagt, was man gelesen und gesehen haben muß.« Die Zweideutigkeit schließlich »spielt der Neugier immer das zu, was sie sucht, und gibt dem Gerede den Schein, es würde in ihm alles entschieden.« (S. 89) Ich will hier nicht ausführen, auf welche Weise das bei Matussek mit Entfremdung und schließlich »mit Schuld zu tun hat«, einer Schuld, deren man sich nicht entledigen könne, »die allen Menschen gemein« sei und die sie unfähig mache, »das eigene Leben schöpferisch zu gestalten« (ebenda). Ich will vielmehr an diesem Beispiel bewußtmachen, daß wir (und zumal die Amerikaner) uns noch viel zuwenig um das gekümmert haben, was Kreativität *verhindert* – ein Gedanke, den man erst dann gründlich denkt, wenn man, wie Matussek, von allen Menschen erwartet, daß sie schöpferisch sind.

Der Psychotherapeut kann das an den ihm vor allem zugänglichen Randerscheinungen und Schadensfällen verdeutlichen. So läßt sich zum Beispiel die notorische Kreativität der einen Homosexuellen, die nicht so notorische gedämpfte der anderen gut mit der Figur der Uneigentlichkeit deuten: Der *latent* Homosexuelle lebt buchstäblich »uneigentlich«; dabei verkümmern seine Gaben. Der *bewußt* Homosexuelle lebt immer auf dem *qui vive*, er dissimuliert, er kann nicht in Routine verfallen. Der *offen* Homosexuelle vergibt diese Möglichkeit wiederum um eines einigermaßen normalen Lebens willen. Für diese Erklärung brauche ich freilich Matusseks tiefenpsychologisches Wissen nicht: daß der *latent* Homosexuelle unbewußt überwältigt werden wolle und darum nach einem Vergewaltiger suche; er reize und ärgere die anderen in der ständigen Hoffnung, von ihnen besiegt zu werden; eigene Siege könne er nicht genießen, nur die eigene Niederlage; so gehe oft die Uneigentlichkeit in Zerstörung über. (S. 135)

Wie auch immer: Was Kreativität ist und warum man sie erstrebt, erfährt in der tiefenpsychologischen Sicht eine wichtige Erhellung durch die Beschreibung dessen, was ihr entgegensteht. Die positive Beschreibung verfällt wieder der Bildhaftigkeit der Sprache, der Wörter, die das Feld des Schöpferischen bei uns noch immer besetzen: Eingebung, Einfall, Erleuchtung, Geistesblitz, Offenbarung, Vision. Matussek müßte dies alles als Erbe der Theorie und des Kults des Genialen ablehnen. Er deutet es statt dessen um: »Das Schöpferische ist etwas, das man empfängt« (S. 281) – aber nicht von Göttern, Genien und Musen, nicht vom Augenblick und nicht vom bewußten Ich, sondern vom »Selbst«. (S. 282)

Mit solchen Gedanken steigen wir bei Matussek Stufe um Stufe tiefer in psychoanalytische Gewölbe hinab, in denen wir als Laien unser Mitspracherecht verlieren – entweder weil wir die angesprochenen Erfahrungen nicht teilen oder weil wir die Sprache nicht verstehen. Zum Beispiel in dieser Darstellung:

»Wenn … eine Mutter die Lernschwierigkeiten oder Ängste ihres Kindes ständig als bloße Unarten ansieht und behandelt, wird sie weniger schöpferisch sein als jene Mutter, die auch die eigene Nervosität oder Herrschsucht als Teilursache des kindlichen Verhaltens begreifen lernt. Noch schöpferischer ist aber jene, die auch bei diesen Etiketten nicht stehenbleibt und immer weiter in die Tiefe der eigenen Seele eindringt.« (S. 25)

Warum soll man etwas »kreativ« oder »schöpferisch« nennen, was doch nur die natürliche Folge von Einsicht ist? Matusseks Kreativität ist bewußt mit solcher Selbstergründung verbunden: »Man kann Neues ... erst erschaffen, wenn man ein Neuer wird.« Und: »Man muß erst sein Selbst finden, um dieses für sich und die anderen schöpferisch sprechen zu lassen.« (S. 290)

Von hier kehre ich doch lieber zu den Amerikanern zurück. Weil aber »Kreativität« und »das Schöpferische« falsche Rubren für das deutsche Nachdenken über das Phänomen sein könnten, seien andere Möglichkeiten wenigstens in Betracht gezogen, wenn auch nicht weiter verfolgt. In der Alltagssprache kamen »kreativ« und »Kreativität« vor dreißig Jahren so gut wie gar nicht vor; umgekehrt haben sich »schöpfen« und von ihm abgeleitet »schöpferisch«, »Schöpfung«, »Geschöpf«, »Schöpferkraft« aus dem täglichen Gebrauch zurückgezogen, in dem sie einmal einen beträchtlichen Raum einnahmen – durchaus im Sinn von *creare* (hervorbringen), nicht nur von *haurire* (heraus- oder heraufholen, z. B. von Wasser), über deren Verhältnis man sich streitet: Sind hier zwei ursprünglich verschiedene Wörter schon in sehr früher Zeit zusammengefallen, oder ist die zweite Bedeutung aus der ersten hervorgegangen? Theologisch war das »Geschöpf« als Geschaffenes der eigentliche Gegensatz zu Gott, dem Ungeschaffenen, und behielt immer etwas von dem mitgedachten *ex nihilo*. Wenn einer etwas schöpfte oder schuf (schöpfen, schäpfen, schaffen, scheppen sind im Althochdeutschen nicht geschieden), hatte er es also nicht nur »herbeigeschafft« oder

»geformt« (*shaped*, wie es mit dem etymologisch verwandten englischen Wort heißt). In einigen Redewendungen überlebt das Verbum schöpfen als schaffen: Recht schöpfen, ein Urteil schöpfen, Verdacht oder Argwohn schöpfen – und meint immer einen selbständigen, nicht bedingten, aber durchaus nicht ungewöhnlichen, also auf irgendein Ingenium angewiesenen Akt der Hervorbringung.

Eine ganz andere Vorstellung löst das Wort »erfinden« aus, das lange Zeit nicht von »entdecken« unterschieden wurde. »Columbus hat Amerika erfunden«, sagte man noch zweihundert Jahre, nachdem er es getan. »Zum Entdecken gehört Glück, zum Erfinden Geist, und beide können beides nicht entbehren« – diese von Goethe vorgenommene Unterscheidung zitiert das Grimmsche Wörterbuch. In beidem steckt die gemeinsame Figur: Es ist etwas da, was man nicht sieht; man muß es heraus-finden; geschaffen werden muß es nicht. Die lateinischen Übersetzungen lauten entsprechend: *excogitare* (ausdenken) oder *effingere* (erdichten) und *explorare* (erkunden) oder *reperire* (wiedergewinnen, finden). Das empfundene Unsicherheits- und Zufallsmoment des Vorgangs kommt in einer alten Redeweise zum Ausdruck: Es erfand sich, daß ein Kundiger zugegen war – »an expert *happened to be* there«.

Wieder ganz anders steht es mit der »Einbildung« und der »Vorstellung«. Die eine meint zunächst wörtlich: ein Bild hereinholen, vors innere Auge bringen. Es unterscheidet sich von *imaginatio / imaginari*, die nur »ein Bild werden«, »ein Bild machen« ausdrücken, durch die eindeutige Präposition. In der transitiven

Form kommt es bei Luther häufig vor: »dem Einfältigen aufs deutlichste einbilden, was es heiße ›nicht töten‹« / jemandem »den wahren Glauben einbilden« / »wenn man nun solches dem armen Volk könnte einbilden«. Damit war »Einbildung« fast bedeutungsgleich mit »Vorstellung«, verlor aber seine positive Kraft: Was man nur innerlich wahrnimmt, wird leicht zur Täuschung, führt zu Selbstbetrug, zu Selbstüberschätzung und schließlich zu Hochmut. Die »Vorstellung« hingegen wurde durch die Philosophie geadelt, war eine der möglichen Übersetzungen von Platons *idea*. Wollte man sie als wahnhaft, unwirklich, unberechtigt kennzeichnen, mußte man es mit einem hinzugefügten Adjektiv tun: grillenhaft, verworren, übertrieben, wunderlich, falsch. Die »Vorstellung« ist von romantischer Verklärung frei geblieben, die die »Einbildung« in die Arme der Phantasie, in den Bereich der Träume und des Utopischen, der Denkhybris oder der Denkschwäche getrieben hat. Sie wird darum von modernen Pädagogen bevorzugt, die Begriffe wie »Vorstellungsdenken« bilden.* Vorstellungen sind »sinnlich gefüllt und kategorial geordnet« – von dieser ausführlich erläuterten These her begründen sie ein neues, auf die Ausbildung der Vorstellungskraft gerichtetes Lernen (das wohl mangels eines von Vorstel-

---

* Beiträge zum imaginativen Lernen, hg. von Peter Fauser und Eva Madelung unter Mitarbeit von Gundela Irmert-Müller, Velber 1996 (Friedrich Verlag), S. 107; nachfolgendes Zitat S. 211. Vor 35 Jahren hat Johannes Flügge in seinem Buch: Die Entfaltung der Anschauungskraft. Ein Beitrag zur pädagogischen Anthropologie, Heidelberg 1963 (Quelle & Meyer) philosophisch ausgreifende Überlegungen hierzu angestellt. Die Wiederaufnahme dieser Gedanken lohnt sich.

lung abgeleiteten Adjektivs doch »imaginatives Lernen« genannt wird).

Wäre dies nicht eine bessere, glücklichere Überschrift über das mit »Kreativität« bezeichnete Bemühen? Die Kantsche Bestimmung von »Einbildungskraft« – fast zu Tode zitiert, seit sie in Grimms Wörterbuch steht –, nämlich: sie sei »das Vermögen, einen Gegenstand auch ohne dessen Gegenwart in der Anschauung vorzustellen«, ist kein Muster einer Definition. Sie kommt nicht ohne Tautologie aus (einbilden wird durch vorstellen erklärt) und gibt auch sonst nicht mehr her, als das bildhafte Wort selber sagt. Vor allem aber enthält sie keinen Hinweis darauf, wozu dies wichtig sei, und schon gar nicht darauf, wie man sie entwickelt. Aber sie ist auch frei von den Mystifikationen, in die »das Schöpferische« getaucht ist, und frei von der Leichtfertigkeit und dem Hauch von Kitsch, die das Wort Phantasie umgeben. Wo man etwas so Ernstes vorhat wie die Rettung der abstürzenden Zivilisation, stören Anklänge ans Feenreich, an Dada und Disneyland.

Dabei sind die deutsche »Phantasei« und die französisierende »Phantasie« vor den anderen Begriffen dadurch ausgezeichnet, daß sie allein wirklich Neues, ganz anderes hervorbringen – das, was jetzt so hoch im Kurs steht. Ihre Hervorbringung, das *phantasma*, ist Erscheinung pur, nicht in der objektiven Welt vorgegeben und auch kein Konstrukt des Denkens. Phantasie ist eine Zauberin, eine Schwester der *poiesis* – freilich die schwärmerische, unverantwortliche, unsolide. Weil sie gar so frei ist, ist sie auch immer heftig geschmäht, gar der Lasterhaftigkeit geziehen wor-

den*: sie bedient unsere mit Grund geheimen Wunsch-
träume, und sie ist des Betrugs, ja der Lüge verdächtig.
Aber sie ist als einzige unter den genannten geistigen
Vermögen an nichts gebunden – an keine Vernunft,
keine Moral, keine Notwendigkeit.

Wenn man den Kindern im besonderen Maß
»Kreativität« zuschreibt, dann gewiß nicht wegen der
Tugenden der Einbildungskraft, des Vorstellungsden-
kens, des Erfindergeists, sondern wegen der Unge-
bundenheit ihrer Wahrnehmungen und Verhaltensweisen. Kinder haben »viel Phantasie«, sagen wir, weil
sie nicht auf die bewährten Lebensmuster festgelegt
sind. Vor allem in den von Jean Piaget** als »senso-mo-
torisch« und »präoperational« beschriebenen Phasen
haben sie noch ungenaue, fließende, wechselnde Vorstellungen von der Welt (das sollen die Bezeichnungen
hier sagen) und beginnen in der Phase der konkreten
und begrifflichen Operationalisierung mit dem Ab-
bau dieser Vagheit zugunsten planbarer, erfolgsträch-
tiger Möglichkeiten, die sie als etwa Zwölfjährige ein-
nehmen.

Wäre ich mit dem Auftrag befaßt, den die Kreativitätsforschung übernommen hat – mit der Unter-
suchung dessen, was den Menschen gegenüber den

---

* Einen anregenden und klugen Überblick über die Geschichte ihres
  Gebrauchs findet sich in: Phantasie als Leistung, Voraussetzungen
  der Literatur und der Wirtschaft, hg. von Herbert Heckmann und
  Gerhard Dette, Göttingen 1996 (Wallstein Verlag), vornehmlich in
  dem Beitrag »Über die Phantasie« von Herbert Heckmann.
** Jean Piaget: Das Weltbild des Kindes, Stuttgart 1978 (Klett-Cotta),
  und: Der Aufbau der Wirklichkeit beim Kinde, Stuttgart 1975
  (Klett-Cotta).

Sach- und Systemzwängen stärkt, was ihn von dem lähmenden Gemisch aus Angst und Bequemlichkeit befreit, die sie erzeugen, was in ihm die Lust auf Bewältigung und Bewährung weckt, was seinen Sinn für kluge, praktische Einrichtungen entwickelt, kurz: was seine Bereitschaft zu Risiko und seine Kraft für das Ungewöhnliche belebt –, ich würde hier ansetzen, nicht zuletzt, weil ich hier kein pädagogisches Wunder ermöglichen müßte, keine prometheische Tat tun, sondern nur dabei helfen, etwas zu erhalten, was die Natur vorgibt und was wir durch die Kulturanstrengung verkümmern lassen, ja ersticken.

Die Rolle der Kunst

Die Forschung hat – wir haben es gesehen – Gründe, mit einem Konstrukt zu beginnen. Sie hat es »Kreativität« genannt. Die praktische Pädagogik ist ihr gefolgt und hat die »Kreativitätsförderung« durch Erziehung und Unterricht auf ihre Fahne geschrieben. Der daraus in den letzten dreißig Jahren erwachsenen pädagogischen Bewegung habe ich skeptische Sympathie entgegengebracht. Meine *Sympathie* rührt hauptsächlich von meinem Interesse an der Kunst her, an der Kunst im Werde- und Bildungsgang junger Menschen. Ihre Wirkungen sind stark und durch keine Didaktik wirklich zu domestizieren. Zu verderben schon! In einer verwalteten, ausgemessenen, geplanten, funktionalisierten und sich immer abstrakter darstellenden Welt erwächst ein gesteigertes Bedürfnis nach einer bestimmten Funktion der Kunst: Sie erkundet, was möglich ist (Carl Friedrich von Weizsäcker), so wie Wissenschaft erkennt, was wirklich ist, und Politik die Verhältnisse zu dem gestaltet und ordnet, was sein soll. In dieser Funktion (es ist nicht ihre einzige) stößt die Kunst sich von dem ab, was herrschend geworden ist – zu fest oder zu beweglich, zu rational oder zu irrational, zu politisch oder zu unpolitisch. Sie bricht Tabus, verletzt die gewohnten Denk- und Wahrnehmungsmuster, wird zum Skandalon, sucht neue Formen und, wenn diese alle schon eingenommen sind, die Form-Losigkeit. Ist der Durchbruch erzielt, schlägt die Wirkung um: Aus dem Ärgernis wird ein Stil, aus dem Stil eine Dekoration, ein historisches Zitat, ein Teil der bestehenden Ordnung.

Wenn mir diese Erscheinung in unserer Welt und im Leben des einzelnen wichtig ist, wenn das Prinzip Kunst also auch von Kindern und jungen Menschen erfahren werden sollte und wenn sich eine Chance bietet, diese Funktion der Kunst in der Schule wirksam zu machen, den Kunstunterricht von der kunstgewerblichen Bastelei, von der Künstlerimitation, von überfordernder Kunsttheorie und Kunstgeschichte wegzuholen und einer fundamentalen pädagogischen Aufgabe zuzuwenden, dann ist mir das öffentliche Interesse an Kreativität ein nützlicher Bundesgenosse. (Eine solche »Beunruhigung« täte der Schul-Bildung insgesamt gut, die *ex officio* zu Bewahrung, Routine, Orthodoxie neigt.) In meiner Schule nimmt ein neuer so genannter Erfahrungsbereich »Wahrnehmen und Gestalten« ein Fünftel der Zeit und den gleichen Rang ein wie der Umgang mit Sprachen und Zahlen, der Umgang mit Sachen, der Umgang mit Menschen und der Umgang mit dem eigenen Körper. Hier ging und geht es um die Übung der *aisthesis* der Kinder und jungen Menschen an Gegenständen, die die Lust, den Ernst und das Wagnis des Sehens und Hörens, des Erprobens, des Simulierens, des spielerischen Verwandelns und, alles in allem, des kontrollierten Hervorbringens von Wirkungen zu wecken vermögen. Die Kinder erfahren dabei, was Kunst anders macht als Technik, Wissenschaft, Politik und Religion.

Für mich war das zunächst eine bildungsinterne Sache: Den Kindern würde eine bestimmte Freude und eine bestimmte Bewährung fehlen, wenn es diese Veranstaltung nicht gäbe. Mit Lebenstüchtigkeit hatte das nur indirekt zu tun und mit gesellschaftlichen Verhältnissen und Bedürfnissen schon gar nichts – nicht mit der Robotisierung, der seelischen Austrocknung, der Entfremdung im heutigen Babylon, auf die man seither mit »Visueller« und »Ästhetischer Kommunikation«, mit Medienpädagogik, Freizeitpädagogik, multikultureller Pädagogik, mit Kritik an der »Warenästhetik« oder an der »politischen Ästhetik der NS- und der Stalin-Zeit«, mit emanzipatorischer und kompensatorischer und ganzheitlicher Erziehung reagiert hat. Auf die Übel von »Modern Times« und »Brave New World« muß die Pädagogik als Ganzes antworten; sie kann die Kompensation nicht einem Fach und seiner Didaktik überantworten und so guten Gewissens alles andere beim alten lassen.

Das zeigt schon: Es gab für mich neben meinem pädagogischen Interesse an der Kunst noch andere Gründe, mit der Kreativitätsförderung zu sympathisieren.

Im Jahre 1967 fand die Weltausstellung in Montreal statt. Die Gastgeber verpflichteten die teilnehmenden Nationen auf ein vierteiliges Thema: Man as PRODUCER, as EXPLORER, as CREATOR und Man in his COMMUNITY. Die deutsche Ausstellungsleitung beauftragte mich mit der Ausgestaltung des dritten Feldes CREATOR, das durch PRODUCER und EXPLORER deutlich auf Kunst und Kultur beschränkt war. Aber optische Linsen und Spielzeug, Haushaltsgerät und die Karosserie eines Porsche, ein Plan für die Umgestaltung einer Stadt wie Stuttgart und das Zelt (von Frei Otto), in dem das alles gezeigt werden sollte, waren enger mit Kunst verbunden als das meiste, was man mir zu diesem Zweck andiente. Theater war mehr von Technik, das Buchwesen mehr von Wirtschaft, die Schule mehr von Politik als von Kultur bestimmt. Die Einteilungen stimmen nicht mehr. Karl Marx hatte mit seiner Theorie vom ideologischen und kulturellen Überbau ein für die Anschauung der Moderne prägendes Bild geliefert: Kultur ist ein Derivat, ein Kompensationsprodukt obendrein, wie Freud kurz nach ihm lehrte. Das war nicht immer so: Im Athen des 5. Jahrhunderts vor Christus war eine Tragödie des Sophokles nicht ein geistiger Luxus, sondern ein unablösbarer Teil des Lebenszusammenhangs, den man *polis* nannte, so unablösbar wie der Fischmarkt oder der Volksgerichtshof oder eine Kriegserklärung.

Ich beschloß also, nicht, wie sonst üblich, unsere Leistungen auszustellen, sondern unsere Zweifel, unsere Probleme, unsere Wandlungen. Ich nahm den Auftrag beim Wort: Aus Kultur/*cultura* (lateinisch für Ackerbau), die Überliefertes pflegt und in der Herr-

schaft erhält, wird *creatio* – ein Prozeß der schöpfe
schen Veränderung, die der Lebensgemeinschaft in.
gesamt dient. Eben – im Jahre 1964 – hatte die DOCU
MENTA III stattgefunden; sie bestätigte mich hierin
und lieferte mir ein anderes Sinnbild für die notwendige anarchische Funktion der Kunst in einer techno-
kratischen und bürokratischen Welt: das Mobile –
mehr eine sich in der Bewegung selbst hervorbringende
Kunst*wirkung* als ein Kunst*werk*.

Im Programmheft zum deutschen Ausstellungsbei-
trag* zählte ich außerdem die Anlässe auf, die der Bun-
desrepublik zur Mobilisierung einer ungewöhnlichen
social creativity verholfen hatten und weiter verhalfen
– die Mehrzahl von ihnen Schwierigkeiten, die wenig-
sten Vergünstigungen. Ich beendete meinen Essay mit
dem Satz:

»Wagnis und Sensibilität, Ironie und Spiel, Bereitschaft zu unkonventionellen Lösungen und Konsens –
diese Elemente der Kunst – sind nicht Tugenden, die
die funktionalisierte Welt erst aushaltbar machen, es
sind die Tugenden, ohne die sie nicht funktionieren
würde.« (S. 77)

Ich zitiere dies, weil ich mich heute, dreißig Jahre da-
nach, über Leute ärgere, die daraus ein Programm
machen. Feststellen, daß es so *ist*, beläßt die Kunst-

---

* Deutschland heute, hg. vom Deutschen Generalkommissar für die
  Weltausstellung Montreal 1967, Bundesdruckerei Berlin, abgedruckt
  in: Hartmut von Hentig: Spielraum und Ernstfall, Stuttgart 1969
  (Ernst Klett) unter dem Titel: Creator oder Die Entwicklung eines
  neuen Kulturprinzips.

übungen und die sie ermöglichende Kreativität in ihrer befreienden Funktion; sie auf diese Funktion verpflichten heißt, sie den gesellschaftlichen Interessen und Notwendigkeiten unterwerfen – und dann verlieren sie ihre heilsame Kraft.

Hier spätestens muß von den Ergebnissen einer Wissenschaft berichtet werden, die mit klaren empirischen Befunden aufwartet: der Gehirnforschung. In ihnen finde ich eine Stütze meiner Pädagogik – gehandelt werden sie freilich als Beitrag zur Kreativitätsförderung.

Ausgehend von den Erkenntnissen Robert Sperrys, der 1981 dafür den Nobelpreis für Medizin erhielt*, schreibt die Gehirnforschung die sequentiellen Tätigkeiten unseres Zentralorgans (das Registrieren, das Vergleichen, das Unterscheiden, das Urteilen, das Erkennen und Verstehen von Gesetzmäßigkeit, das Einhalten von Normen usw.) dessen linker Hälfte zu, die synthetischen (das Erkennen und Verstehen von Bildern, die Emotionen, die Bewegungen des Menschen im Raum usw.) dessen rechter Hälfte. Die Gehirnhälften »korrespondieren« miteinander über ein Verbindungsstück, das *corpus callosum*. Bei Epileptikern hat man dieses zur Erleichterung ihrer Leiden durchgeschnitten. Man weiß seither, daß der Austausch zwischen den Gehirnhälften entscheidend für die »intelligente« Steuerung unserer Aktivitäten ist und wie er funktioniert: Die Gehirnhälften entscheiden von Mo-

* Ich stütze mich im folgenden auf eine besonders gelungene Darstellung des Sachverhalts durch Gerhard Huhn in einer Dokumentation der Akademie der Künste zu deren Dreihundertjahrfeier, Berlin 1997, Abteilung Film- und Medienkunst.

46

ment zu Moment darüber, welche von ihnen zuständig ist. Dabei freilich üben sie sich ein – es kommt die Gehirnhälfte zum Zuge, die der gemachten Erfahrung zufolge das Problem am besten löst. »Erfahrung« wird durch die Häufigkeit bestimmt, »am besten« durch die angenehmen oder unangenehmen Folgen. In der Schule werden nun die Tätigkeiten der linken Gehirnhälfte ungleich mehr gefordert und gefördert, die der rechten oft geradezu unterdrückt: Rechtschreibung vs. Stillsitzen, das Einhalten von Fächergrenzen vs. assoziierende Verbindung von Gegenständen, das Definieren und Entschlüsseln von Begriffen vs. intuitives Erfassen von Bildern, Gedächtnis vs. Erraten, Erfinden, Erhoffen. Und das geschieht 10 oder 13 oder – falls man studiert – 18 Jahre lang. Da die Ausbildung der Gehirnstruktur im Alter von 17 oder 18 Jahren weitgehend abgeschlossen ist, kommt es zu einer einseitigen Ausbildung der einen Fähigkeiten, zu einer Vernachlässigung der anderen und zu keinem »balancierten Miteinander« der beiden. Gerhard Huhn meint: Insofern verstießen die Unterrichtspläne sogar gegen die Verfassung – gegen das Gebot der Entfaltungsfreiheit, die der Artikel 2 in Absatz 1 verkündet. Die Schule verhindert die Ausbildung der ganzen Person! – Und *hieran* beginnt die Menschheit zu leiden, was man nun mit dem Thema »Kreativität« und ihrer Förderung durch Kunst verquickt. Nicht, daß wir keine Erfinder und Künstler hervorbringen, ist das Problem (und der Vorwurf), sondern daß wir elementare Erfahrungsmöglichkeiten des Menschen verkümmern lassen: die Entfaltung von Fähigkeiten, die er im täglichen Leben braucht – ein geeignetes Geschenk für einen lieben Menschen auswählen, die Folgen einer Nachlässigkeit vorhersehen, eine Verantwortung erkennen und entweder abweisen oder auf sich nehmen. Das sind Vorgänge, bei denen beide Gehirnhälften gebraucht werden: Daten und Vorstellungen, Wissen und Überzeugungen, Reihung und ihre Unterbrechung, Regelverhalten und Kunst. Geistige und ästhetische Erfindungen sind von der Art und gedeihen mit, wenn diese Erkenntnisse der Gehirnforschung greifen.

Skepsis aus vielerlei Gründen

Skeptische *Sympathie* hatte ich der neuen Kunsterzieherbewegung, der Idee der Kreativitätsförderung entgegengebracht. Ich hatte meine Sympathie mit meiner Vorliebe für Kunst als Mittel der Erziehung und für ihre erneuernde Funktion in der Gesellschaft erklärt. Meine *Skepsis* wird durch eine ganze Reihe von Gründen genährt. Ich nenne sie
(1) falsche Gegnerschaft und falsche Berühmung der Kreativität
(2) falsche Auslegungen der Kreativität
(3) falsche Instrumente der Kreativitätsförderung
(4) falsche Motive der Kreativitätsförderung (sie werde ich ausführlich behandeln, bei den anderen muß ich mich mit Andeutungen begnügen).

(1) *Falsche Gegnerschaft und falsche Berühmung:* Die prominenteste, wenn schon etwas abgenutzte Schreckgestalt ist das staatliche Schulwesen; es lasse die

Kreativität verkümmern; der Staat sei an willfährigen, nutzbaren und also auf Nutzbarkeit ausgerichteten Absolventen der Schule interessiert, an Beamtennaturen und Konsumenten; der staatliche Unterrichtsfunktionär könne nicht zu Kreativität erziehen, die ihm selber versagt sei. Private Schulen, als Teil des Marktsystems und den Individuen verpflichtet, die für ihre Bildung zahlen, kümmerten sich mehr um die Entwicklung der schöpferischen Kräfte der Kinder und Jugendlichen – ausweislich des größeren musischen »Angebots«, der größeren Zahl von Musik-, Tanz-, Töpfer- und anderen Werkkursen. Nun, das gehört zu ihrem Geschäft; sie nehmen Geld für ihre Leistungen und bieten diese an, weil sie von einer bestimmten Klientel erwartet werden. Die »Staatsschule«, also die Schule des Gemeinwesens, täte das auch, wenn das Gemeinwesen dies wirklich wollte. Kurz: Mit dieser »Gegnerschaft« tut man dem »Staat« zuviel Ehre an – der ist und denkt utilitär, weil die Gesellschaft utilitär ist und denkt.

Ein anderer um des Gegenprogramms willen beliebter Buhmann ist die »Verkopfung« der Schule. Sie ist unbestreitbar, aber die Heilung besteht nicht in der Herstellung von Collagen und Drahtplastiken. Wissenschaft und rationale Lebensführung verlangen selbst ein hohes Maß an schöpferischer Leistung, oft ein höheres als die sogenannten musischen Fächer, die wir obendrein alle gründlich verwissenschaftlicht haben. Wer hier eine Vergrößerung des Anteils dieser Fächer am Stundenplan fordert, müßte zunächst nachweisen, daß ihm tatsächlich an Kreativität gelegen ist – daß auf seiner Schule die Schüler auf allen Gebieten ihre eigenen Ideen, eigene Entdeckungen, eigene Besinnung und eigene Bewertung einbringen können. Die wahren »Feinde« sind vielmehr das Zentralabitur, die Beurteilung, die auf meßbaren Leistungen beruht, und die sachwidrige Zuordnung der Kreativität zu einer Fächergruppe Bildende Künste, Musik, Theater, Werken – »sachwidrig«, weil die hier gemeinte Sache nicht in den Sachen steckt, sondern in der Absicht, in der diese verwendet werden.

Gern schlägt man im Namen der Kreativität auf die Ausrichtung der Schule an der Berufswelt ein. Es ist auch einer meiner härtesten Vorwürfe an die Eltern und die Schule, daß sie die Kinder mit der Einschulung schon auf ihre Karriere ansetzen. Aber wieder sollte man die Chancen nutzen, die für die Kreativität auch auf diesem Gebiet liegen. Allein welche Vorstellungskraft benötigt man für die Berufswahl!

Vollends mißtraue ich denen, die Ordnung, Disziplin, Tradition zu Feinden der Kreativität erklären. Sie sind vielmehr oft deren Voraussetzung.

Die hochgespielten Feindschaften entspringen meist einer Eitelkeit (»Mit *dem* Drachen haben wir es aufgenommen!«). Die getragenen und schneidigen Redeweisen müssen meist eine Unsicherheit verdecken (»Wir wissen, ›was gefragt ist‹!«). Man müßte wissen, was gebraucht wird, und weil man das nicht weiß, redet man von Kreativität – als verfüge man über sie oder als müsse man sich nur zu ihr entschließen. Gegenwärtig »boomt« sie allenthalben in den Titeln von Veranstaltungen (»Creativity & Cognition«, The Club of Budapest 1996; »Kreativität und Leadership«, »Mut zum Risiko und Kreativität«, Zermatter Symposien 1997), in den Tätigkeitsberichten der großen Stiftungen (»Kreativ sein bei der Suche nach Lösungen; Mut machen, Dinge ausprobieren, die sich andernorts schon bewährt haben«, Bertelsmann Stiftung), im Firmenschild von Einrichtungen (»Kreativhaus«, Berlin); in den Programmen von Stegreiftheatern, Ausstellungen, High-Tech-Museen wird vollmundig über die kreativitätsfördernden Wirkungen philosophiert, die sie zu tun behaupten. – Warum sollten sie nicht? Vielleicht weil die falsche Selbsteinschätzung nun doch zu gefährlichen Feindschaften führt. An der University of Chicago hat Joe Layng die Konditionierungstechniken von Skinner wiederaufgegriffen, gehärtet und vereinfacht: *memo-instruction* (d. i. Einprägen des Stoffs durch ständiges Aufsagen), *fluency building* (Geläufigmachen eines Vorgangs durch sich beschleunigende Wiederholung) und *precision teaching* (die Überprüfung des eigenen Lehrvorgangs am Monitor). Mit ihnen und seinen Erfolgsberichten reitet er furiose Attacken auf die Kreativitäts-Apostel, die nichts erklären, nichts beweisen, nichts besser machen können. »Teachers can be very creative – but all creativity, just like all mutation, is not good for the creatures. The fact that you are creative doesn't make you effective.«*

(2) *Falsche Auslegungen der Kreativität:* Die Absicht, Kreativität zu fördern, wird nicht nur durch aufgebauschtes und leichtfertiges Reden ihrer Werber, sondern auch durch unkundiges ihrer Betreiber beeinträchtigt. Diese sollten erst einmal lesen, was man über die Sache tatsächlich weiß, bevor sie sie mit

* University of Chicago Magazine, April 1996, S. 28.

Ursprünglichkeit, Unmittelbarkeit, Kindlichkeit, gar Ausgelassenheit verquicken und schmücken. Von keinem Geringeren als Jean Piaget stammt der Satz: »Die Kindheit ist die schöpferische Phase par excellence«, womit er begründete, daß er selbst gerne »bis ans Ende« Kind geblieben wäre.* Aber damit hat er die eingangs geschilderte Offenheit der Kinder gegenüber ihrer Welt gemeint; Unerfahrenheit, Ungezügeltheit, Unklugheit hingegen benachteiligen sie schon in dieser; vollends läßt beibehaltene Naivität sie in der Welt der Erwachsenen straucheln, und was straucheln macht, kann man schlecht kreativ nennen.

Mit seltsamem Eifer wird die Kreativität dem Irrationalen zugerechnet, vor allem den Emotionen, der Sinnlichkeit, den Träumen und Wünschen. Kreativitäts-Didaktiker sprechen wie selbstverständlich von der »kreativ-intuitiv-sinnlichen Komponente« ihrer Arbeit**, als sei das eine gegebene Einheit. Dieselben bekennen sich auch zu der Absicht, die Kinder »dem Irrationalen und ›Verrückten‹ gegenüber aufzuschließen« (S. 55). Schon recht, aber welchem Mißverständnis setzen sie sich aus, wenn sie dies mit Briefen an die Kinder verbinden (als Teil eines der »Anwärmung« dienenden Interaktionsspiels), in denen es heißt: »Laßt Euch bloß nicht von den Erwachsenen – auch nicht von den Paukern – vorschreiben, was da zu laufen hat. Das

---

* Zitiert nach Martin Stingelein: Begreifen heißt Erfinden, Frankfurter Allgemeine Zeitung vom 9. August 1996.
** Wolfgang Stange: Planen mit Phantasie, hg. vom Deutschen Kinderhilfswerk und der Aktion »Schleswig-Holstein – Land für Kinder«, Berlin und Kiel 1996, S. 24.

könnt Ihr ganz allein!« – Hier wird aus Kreativitätsförderung Opas antiautoritäre Erziehung, obendrein mit einem Affekt gegen die Vernunft.

Noch bedenklicher ist die Beziehung, die man zwischen dem (der Forschung unterworfenen) Chaos und der Kreativität herstellt, nur weil aus den »Turbulenzen« Unerwartetes hervorgeht, weil das Unberechenbare wohltuende ästhetische Ordnungen entstehen läßt, weil Erich Jantsch und Ilya Prigogine von *autopoiesis* oder sich selbst organisierendem Leben sprechen und der ungemein kreative Friedrich Cramer die wirbeligen Strukturen von Organismen in Sentenzen von Gottfried Benn und Hans Magnus Enzensberger einfängt. Solche Schlüsse sind Kurzschlüsse und bezeugen wenig Kenntnis von beidem, der Chaostheorie und der Kreativität. Das gleiche gilt für die Ehe, die man zwischen Kreativität und Destruktion oder gar Destruktivismus zu stiften versucht. In der Programmschrift »Cyberspace and the American Dream: A Magna Charta for the Knowledge Age« (1994) ist von der »schöpferischen Zerstörung« die Rede, die man sich von der technischen Herstellung virtueller Wirklichkeiten verspricht: Cyberspace »bewirkt den Tod des zentralen institutionellen Paradigmas des modernen Lebens, der bürokratischen Organisation«, mitsamt ihren Trägern: Regierung, Militär, Schulen. Wie das? Durch den »Sturz der Materie« – das postbiologische Zeitalter habe begonnen! Mit Cyberspace bekommen wir endlich den »körperlosen Geist«. Wiederum widerstrebt es mir, die Herstellung von Beliebigkeit, von Illusion, von Unwirklichkeit mit Kreativität zu identifizieren. Die umgekehrten Bemühungen um eine Methodisierung und Didaktisierung der Kreativität sind freilich noch grotesker.*

(3) *Die falschen Instrumente der Kreativitätsförderung:* Die Landesregierung von Schleswig-Holstein und das Deutsche Kinderhilfswerk haben im Jahre 1996 eine Schrift vorgelegt (s. o. S. 48, Fn.**), die »Planen mit Phantasie« heißt und in der eine Zukunftswerkstatt für Kinder entworfen wird. Darin tragen die Herausgeber alles zusammen, was die Kinder von Bevormundung und Systemzwang zu befreien verspricht – organisiert in einer sogenannten »Beteiligungsspirale« mit »Kritik- und Beschwerdephase, Phantasie- und Utopiephase, Umsetzungs- und Präsentationsphase«. Die Zukunftswerkstatt hat einen Ausgangspunkt: ein Menschenbild, und ein Ziel: ein pädagogisches Programm. Das Menschenbild: »Wir gehen ... davon aus, daß der Mensch ein aktives, tätiges Wesen ist und das Bedürfnis nach vollständigen, an seinen Zielen orientierten und von ihm selbst kontrollierten Handlungsabläufen hat.« (S. 21) Das Programm: »Herstellung von Bezügen« – von thematischen Sachbezügen, von emotionalen Bezügen, von Bezügen zwischen sinnlicher Erkenntnis, rationaler Erkenntnis und Handlungsorientierung; Einführung von und Anleitung zu bestimmten Prozeduren – Visualisierungs- und Moderations-

---

* Die Auskünfte über Cyberspace verdanke ich Horst Bredekamps Aufsatz: Cyberspace, ein Geisterreich, in: Bilder und Zeiten, Beilage der Frankfurter Allgemeinen Zeitung vom 3. Februar 1996. Der Begriff »schöpferische Zerstörung« sei Joseph A. Schumpeter entliehen (Kapitalismus, Sozialismus und Demokratie, 1942).

methoden, spielpädagogischen Methoden, ästhetischen Produktionen (Zeichnungen, Spray-Aktionen, visuell gestalteten Plänen), Ideenfindungsverfahren, Handlungsstrategien, Problemlösungsstrategien, Kleingruppenarbeit und so fort, eine wahre Scholastik der Kreativitäts- und Befreiungspädagogik. Dieser folgt eine ebenso umfängliche Darstellung der Praxis. Darin werden »Medien, die Spaß machen« (Motto: »Wenn das Verändern zur Lust wird«), Bausteine, Spielvorlagen und Materialien bereitgestellt.

Wie sieht die uns hier am meisten interessierende »Phantasiephase« aus, »in der es um Innovation, Alternatives, Ausbruch aus den Denkschablonen und Entwicklung völlig neuartiger Vorstellungen« gehen soll? (S. 22)

Ihrer Beschreibung werden – über eine ganze Seite hin – sogenannte Regeln (in Wahrheit sind es Ausrufe) vorangestellt: »Jeder hat Phantasie! Spinnen macht Spaß. Träumen ist schön./Den Ideen freien Lauf lassen/Mut zum Ungewöhnlichen« und so fort bis zu »Nicht gegeneinander, sondern miteinander denken«. Dreißig Minuten vor Beginn, heißt es, sollte die Werkstatt so aussehen: »Kreativ hergerichteter Raum (mit Luftballons u. ä.)/Willkommensposter mit Wiedererkennungssymbol/eine Metaplan-Wolke mit dem Thema mitten im Raum schwebend: ›Zukunftswerkstatt – wir planen unseren Spielplatz‹.« (S. 49) – Meine Schüler fingen jetzt spätestens an, sich kreativ zu verkrümeln.

Damit man nicht meine, das sei eine typische Hirngeburt einer staatlichen, obendrein pädagogischen Instanz und auf ihresgleichen beschränkt, zitiere ich aus einem Feature, das ich kürzlich im »Focus« (39/1996) unter dem Rubrum »Forschung und Technik« fand. Es trug die Überschrift: »KREATIVITÄT – Simple Erfolgsformeln / Ob alt oder jung, ob Mann oder Frau – jeder kann seine kreative Energie noch steigern – Quintessenz einer Studie mit 91 überdurchschnittlich kreativen Persönlichkeiten.« Hier einige der Formeln, denen jeweils ausführliche Erfüllungshilfen beigegeben sind: »Beginnen Sie jeden Tag mit einem konkreten Ziel, auf das Sie sich freuen können. (Dies kann eine Verabredung sein oder ein neues Kleid... oder ein Theaterbesuch. Malen Sie sich dieses Ereignis immer wieder aus.)... Bestimmen Sie Ihre Zeiteinteilung selbst... Brechen Sie mit alten Gewohnheiten... Nehmen Sie sich Zeit für Reflexion und Erholung... Fördern Sie Ihr Unterbewußtsein. (Geniale Ideen unter der Dusche sind keine Seltenheit!)... Finden Sie heraus, was Sie lieben und hassen. (Kreative Menschen zeigen Gefühl und wissen immer, warum sie etwas tun.)... Lernen Sie von Kindern...« (S. 168) – Ich breche ab. Ich habe nichts dagegen, daß man Alltagserfahrungen wissenschaftlich verpackt und neu austeilt. Ich störe mich an der Behauptung, dies alles mache einen bisher unkreativen Menschen kreativ. Die Befolgung von Aufforderungen und Rezepten ist selbst schon die Widerlegung dieser Erwartung – von Rezepten obendrein, die zu ihrer eigenen Anwendung genau anleiten, zum einzigen, was dem Kreativitäts-Käufer noch überlassen war. Also: »Geben Sie Ihrem Arbeitsplatz eine persönliche Note – zum Beispiel durch Aufstellung von Pflanzen, das Aufhängen von Postern, das Bemalen der Wände.« Die pädagogische Planungsenergie ist beängstigend und in der Sache so widersprüchlich wie die wissenschaftliche »Anleitung« eines meiner Kollegen »zum Querdenken«.

Parallel zur Kreativitätsbegeisterung im Bildungsplan gibt es eine wahre Innovationsbesessenheit im Bildungswesen. Diese wiederum ist Teil einer sich breit entfaltenden Präokkupation mit Organisations- und Managementfragen. Allenthalten preisen sich Berater, *pardon!*, Consultants an. Sie verkaufen ihr »Know-how« und »Do-how« an Bankiers und Behörden, an Importeure und Exporteure, an Präsidien von Kirchentagen und Chefs in den verschiedensten Branchen der Wirtschaft, an Verlage, Universitäten, Schulen. Wie können sie das? Womit wollen sie als Laien all diesen in ihrer Sache beschlagenen Fachleuten »helfen«? Sie behaupten: indem sie ihnen die Kunst der Erneuerung beibringen – »neue Denk- und Verhaltensweisen«, »Strategieentwicklung und -implementierung«, »Informations-Management«, »Change-Management«, »Kreativitäts-Management«. Nicht Sachkenntnis ist gefragt, sondern eine formale Verfahrens- oder Moderationskunst. Was für Industrie und Handel die »Gestalt von gesamthaften Wertschöpfungsketten« ist*, ist für das Bildungswesen die »Schulentwicklung«.

Der äußere Anlaß ist die Forderung nach Autonomisierung der Schule (die leider diesmal von oben kommt): Die Schulen sollen selber bestimmen, wel-

---

* Aus einer ganzseitigen Anzeige einer Consulting-Firma, die ihren Kunden verspricht, sie zum »Stein des Anstoßes« zu machen, Frankfurter Allgemeine Zeitung vom 16. Mai 1997.

ches pädagogische Profil sie haben wollen, und ihre knappen Ressourcen so einsetzen, daß sie *diesem* am besten dienen – nicht mit der Einhaltung von Normen, die auf sie nicht zutreffen. Liefe das so, es wäre eine gute Nachricht. Aber die meisten Schulen mauern, verlangen, bevor sie etwas »erneuern«, neue Mittel. Viele wären auch gut beraten, wenn sie es vorzögen, zunächst die alten Erwartungen wirklich zu erfüllen, als sich neue auszudenken – jedenfalls solange das Neue für sie weder eine Notwendigkeit noch ein Verlangen, noch eine plausible Realität ist, sondern ein pädagogisches Gespenst. Einige schließlich werden den Hexenmeistern der Innovation in die Hände fallen, die ihnen das »Auftauen« aus der »Starre« versprechen[*] – mit Hilfe von »Prozeßreflexion« und »Bewegungsmeditation« (S. 88 und 89), »Schulentwicklungsspielen« und »Ideenwerkstätten« (S. 101 und 81), einer »neuen Leitungskultur« und einer »kommunikationsbezogenen Zusammensetzung des Kollegiums« (S. 13), einem »Innovationswürfel« genannten Analyseinstrument (S. 22) und der »Methode der Bewegungsimprovisation« (S. 87). Sie singen das Lob des Anfangs. EOS, die Göttin der Morgenröte, gibt ihrem »Verein zur Förderung der Organisationsentwicklung im Bildungswesen« ihren Namen. Sie entwinden sich dem Urirrtum, »der in der an sich sehr vernünftigen Idee der Kausalität steckt«, nämlich daß Ereignisse durch andere vorhergehende Ereignisse

---

[*] Dies und die folgenden Zitate entnehme ich einem hierzu eigens geschaffenen Organ »s. e.«, Journal für Schulentwicklung, Innsbruck/Wien (Studienverlag), Heft 1/1997.

hervorgebracht werden: Wie der Urknall im »Jetzt-Moment« aus sich heraus das Universum gebar, so haben wir Pädagogen auch unsere Taten als Anfang in sich zu sehen ... (S. 95)

Ohne Frage unterliegen Veränderungsprozesse in komplexen Einheiten – Lehrerkollegien, Verwaltungen, Betrieben, Vereinen – auch bestimmten allgemeinen Gesetzen, für die es Spezialisten gibt: wie man sie einleitet, wie man der Angst vorbeugt, wie den Widerstand einbezieht oder auflöst oder überlistet, wie mit den Nebenfolgen, der Eigendynamik, den Ungewißheiten (der »Intransparenz«) umgeht. Wer eine Veränderung – aus gutem Grund – will, stellt sich in der Tat die Frage: »Wie gehe ich das an?«, und daraus machen die Consultants ihre Aufgabe. Sie erkennen und benennen eine Schwierigkeit, die nicht in der »Sache« liegt, sondern um sie herum, und beschäftigen die Klienten mit dieser – mit der Frage, ob die Veränderung *top-down* oder *bottom-up* gehen solle, von außen nach innen oder umgekehrt, mit Druck oder mit Zug, mit der Aufstellung von Themenpaletten, Ideenlandkarten, Innovationsfahrplänen, durch die die Optionen bewußtgemacht und die Anstrengungen gestreckt, die Entmutigungen vermieden werden.

Aber »Innovation« ist das alles nicht. Dazu muß eine Notwendigkeit, eine Überzeugung, eine Vorstellung dasein, um derentwillen man die Hindernisse überwindet. Für sich genommen absorbieren die »Entwicklungs- und Innovationsstrategien« Zeit und Kraft, die man der Aufgabe selbst schuldet. Sie sind ihrerseits ein Hindernis – ein willkommenes, das von der ach so schwierigen Aufgabe ablenkt.

Ich habe nichts gegen Übungen zur Erhaltung der Gelenkigkeit. Wer Gelenkigkeit um eines für nötig gehaltenen Wandels willen braucht, der soll solche Übungen treiben. Er muß freilich wissen, welchen Wandel er aus welchem Grund meint und will. Wer die Innovations-Gymnastik schon für die Erneuerung hält, betrügt sich.

(4) *Falsche Motive:* Was die wahren Beweggründe anderer sind, kann man nicht mit Sicherheit wissen. Die erklärten sind es jedenfalls oft nicht, und die vermuteten bleiben Vermutung. Meine Vermutungen aber will ich niemandem aufdrängen. Die Mehrzahl der möglichen falschen Motive für die Kreativitätsförderung – das Bedürfnis der Zunftgenossen, sich auf einem neuen Gebiet auszuweisen, das Bestreben der Journalisten, im allgemeinen Trend oder gar diesem voraus zu sein, die Lust der meisten Menschen, auf einer so schönen Begriffsfregatte mitzusegeln – müssen uns nicht beschäftigen. Aber wir alle müssen uns mit dem erklärten Motiv der Politiker, der Wirtschaftler, der Verbände befassen, die mit großer Emphase die Förderung der Kreativität – vor allem von den Bildungseinrichtungen – einfordern. Ich nenne es abkürzend und hart: die politische Instrumentalisierung. Sie geschieht offen und in unserem Namen.

Natürlich hat die von uns behandelte Frage eine politische Bewandtnis. Die Polis muß sich Gedanken machen, welche Ideale ihr bekömmlich sind, muß auf den faktischen Wandel der Verhältnisse mit veränderten Vorstellungen, Prioritäten, Maßnahmen reagieren. Die ungeheuere, sich ständig beschleunigende Akkumulation der Mittel in der technischen Zivilisation erschwert die freie vernunftgeleitete Entscheidung: Alles hängt mit allem zusammen; die Telematik sorgt dafür, daß wir auch mit allem befaßt werden; die komplexen Verhältnisse sind mit Hilfe von Computern vielleicht noch zu erfassen, aber von dir und mir kaum zu verstehen und auch von Experten nicht mehr zu steuern; die Entwicklung verselbständigt sich, DIN und andere Normen herrschen, der Anpassungsdruck wächst. Einer Regierung – sei sie demokratisch, sei sie autokratisch – verbleiben engste Spielräume, meist nur für unbefriedigende Kompromisse. Politik besteht weitgehend im Verschieben der Probleme von hier nach dort.

Darum vor allem werden Mündigkeit, Urteilsfähigkeit, Entscheidungsmut, Flexibilität nicht nur beschworen, sondern wirklich gebraucht – von der Gesellschaft und von den einzelnen Bürgern. Und weil dieser Bedarf, ich sage: diese Not, anhält, ja zunimmt, sucht man Auswege im buchstäblichen Sinn. Das Arsenal der bekannten und gebräuchlichen Mittel, der vorhandenen Institutionen und Verfahren verspricht Aufschub, vielleicht auch die eine oder die andere Milderung, aber keine Lösung. Diese Mittel machen uns *nicht zu Herren der Situation*. Darum hofft man auf das ganz Neue – man muß darauf hoffen. Das Neue aber muß erst »geschaffen«, kreiert werden. Man ist froh, wenn es wenigstens »gedacht« werden kann.

So setzt die Gesellschaft auf Kreativität und, wie gesagt, der einzelne auch, dessen Leben in der Mehrzahl der Fälle entweder funktionalisiert ist oder funktionslos. Den Ruf nach solcher Kreativität kann ich nicht

tadeln. Aber, so frage ich ebenso ungläubig wie dring-
lich: Ist *diese* Kreativität gemeint, ist überhaupt *Kreativität* gemeint, wenn der Bundesaußenminister in
einer Rede vor dem Börsenverein des Deutschen
Buchhandels, dem Kulturkreis der Deutschen Wirtschaft, dem Bundesverband der Deutschen Industrie
(am 15. Januar 1996) von der »Kreativität der Markt-
wirtschaft« spricht; wenn er Wirtschaft und Kultur zu
einer »Partnerschaft für Kreativität« aufruft; wenn er
sich um die nachlassende Attraktivität des »Bildungsstandorts Deutschland« für Ausländer besorgt zeigt,
weil das Studienangebot nicht genug »an den Bedürfnissen der Wirtschaft orientiert« sei; ja wenn er bei der
Vergabe der Goethe-Medaille durch das Goethe-Insti-
tut (am 22. März 1996) schlicht sagt: »Ohne Anpas-
sung unserer Bildungspolitik und der Hochschule an
die Realitäten des globalen Wettbewerbs geraten wir
ins Hintertreffen«?

Auf einer Konferenz, die kürzlich in Mannheim unter dem Titel »Kreativität als Chance für den Standort
Deutschland« stattfand, tauschten Ingenieure, Manager, Designer, Wissenschaftler ihre Erfahrungen und
Gedanken aus: Wie optimiert man seine Chancen auf
»reifen« Märkten? Im wesentlichen durch Organisa-
tions-, Kommunikations- und Vermarktungsstrategien
und eine geeignete »Führungskultur«. Kreativität und
Innovation gingen den Rednern so glatt von den Lip-
pen wie Logistik und Produktspektrum, Flexibilisierung und Dezentralisierung, »flache« Strukturen und
Ausrichtung am Kunden. »Glatt« nicht zuletzt, weil
man es »im Griff« hat – mit Customer Focus Toolbox,
Top Manager Score Card, Benchmarking und jeder

Menge graphischer Schemata, die alles Nachdenken über Kreativität überflüssig machen.

Lege ich das falsch aus, wenn ich sage: Die hier beschworene Kreativität meint technisch und wissenschaftlich vorn sein – in Gentechnik, Biotechnik, Ökotechnik, Molekulartechnik, Mikrosystemtechnik, Weltraumtechnik, Computer- und Kommunikationstechnik, Managementtechnik, kurz: in High-Tech auf allen den Gebieten, auf denen Vorsprung wirtschaftliche Vorteile und Nachhinken oder gar Verschlafen wirtschaftlichen Niedergang bedeutet? Diese Kreativität sucht nicht einen Ausweg aus dem Netz der Systemzwänge – der unaufhaltsam fortschreitenden Rationalisierung der Arbeitsvorgänge, der immer weiter um sich greifenden Mediatisierung, der globalen Abhängigkeiten, der Dominanz der Wirtschaft über alle Lebensbereiche, voran über die Politik –, sondern einen entschiedenen, breiten, selbstverständlichen Zugang zu dem, was da läuft. Mit dem Wort Kreativität entlockt man uns die Bereitschaft, in den *mainstream* der Entwicklungen – möglichst weit vorn – einzumünden.

Was das gesellschaftspolitisch und nicht mehr nur kulturphilosophisch bedeutet, spricht der Vorsitzende der Partei des schon zitierten Bundesaußenministers, Wolfgang Gerhardt, mit aller Deutlichkeit aus. Er fordert eine Trias von »Leistung, Kreativität, Eigenverantwortung«. Eines definiert das andere: Leistung steht für erfolgreiche Erneuerung und wird durch »Flexibilität« möglich, die ihrerseits nur im Freiraum der »Eigenverantwortung« gedeiht. Das richtet sich *gegen* staatliche Regulierung und staatliche Umverteilung, gegen Subvention und unziemliche Besteuerung, gegen Kündigungsschutz und Ladenschluß-Zeiten, gegen Ausbildungspflicht und Soziallasten, gegen die Einschränkung von Tierversuchen und Genmanipulation; es steht *für: franchising, entrepreneurship*« Wettbewerb – Wörter, die nicht nur wirtschaftliche und politische Handlungsfiguren bezeichnen, sondern allgemeine Lebensvorstellungen.*

Daß der Wirtschaftsliberalismus sich die Kreativitätskonjunktur nutzbar macht, ist verständlich, ja konsequent. Für ihn ist der Mensch ein Unternehmer seines Lebens; die Summe der Unternehmen bildet den Markt; auf ihm entscheidet sich die Tauglichkeit eines Gedankens und der ihn austragenden Leistung – über Wettbewerb und Nachfrage; wer sein Produkt nicht gewinnbringend absetzen kann, muß entweder das Bedürfnis dafür wecken und steigern oder die Kosten senken oder den Markt ausweiten – oder seine Sache ist falsch, und er muß sie neu anpacken. Weil Wachstum und Rationalisierung nicht beliebig lange weitergehen werden, wird Innovation zu seiner eigentlichen Chance. Aus der Chance jedoch wird, wenn man sie mit Pathos einfordert, am Ende ein Ziel.

Auch andere Parteien sind für den Innovationsbazillus anfällig. Die Sozialdemokraten fordern sogar

---

* Für *franchising*, das heißt die Abgabe der Verantwortung nach unten zu den kleineren Einheiten, siehe: Utho Creusen: Mit Franchising gegen den »cultural lag«, in: Frankfurter Allgemeine Zeitung vom 20. Mai 1996; für *entrepreneurship* als Paradigmenwechsel in der Pädagogik siehe Günter Faltin und Jürgen Zimmer: Reichtum von unten. Die neuen Chancen der Kleinen, Berlin 1995 (Aufbau-Verlag).

ein »Innovationsministerium« – als Antwort auf die Tatsache, daß Deutschland »keine Vorstellung entwickelt« habe, »wie die Gesellschaft der Zukunft aussehen könnte«. Es sei »kein kreatives, modernes hochtechnologisiertes Land«, es rede viel vom »Wagniskapital«, bringe dies aber nicht auf (Frankfurter Allgemeine Zeitung vom 15. November 1996). Ja selbst das Zentralkomitee der Deutschen Katholiken propagiert in einem Leitartikel seiner Informationsschrift »Salzkörner. Materialien für die Diskussion in Kirche und Gesellschaft« (Nr. 2/1997): »Ein Klima der Kreativität, des Wagemuts und der Tatkraft schaffen!«

Niemandem, der solches denkt und sagt, sei diese Ansicht verwehrt, aber die Folgen muß man ihm vorhalten. Sowenig, wie allein die Machbarkeit und die Verkäuflichkeit eine Sache rechtfertigen, so wenig ist Innovation an sich schon gut. Der Gedanke, verhäckselte und dehydrierte Tierkadaver an Vieh zu verfüttern, war äußerst »innovativ«, aber eben auch monströs! Neue, weite und zugleich engmaschige Fangnetze, mit denen hochseetüchtige Trawlerflotten ein Vielhundertfaches der jahrhundertelang üblichen Fischmenge einholen, sind einmal eine willkommene Erfindung gewesen, aber sie schonen die Brut (beispielsweise) der Kabeljaus und Thunfische nicht, haben zur Unterbrechung der Nahrungskette und damit zur Entleerung ganzer Meere geführt und werden am Ende den Fischfang selbst zerstören.

Wenn nun weiter »Mut zur Kreativität«, zur Innovation, zum Risiko gefordert wird – auf Kosten wessen darf das gehen? Pierre Bourdieu hat die Steigerung der Wirtschaftsleistung um jeden Preis, vor allem aber um den Preis des Schutzes der Schwachen, das »Modell Tietmeyer« genannt.* Man redet von Erstarrung auf den Finanzmärkten, von überhöhter Soziallast, vom ausartenden Wohlfahrtsstaat, von den zwingenden Gesetzen der Globalisierung (obwohl drei Viertel des europäischen Handels auf Europa selbst beschränkt sind!) und erzeugt mit diesen Beschreibungen unseres Zustands hohe Erwartungen an die »Flexibilisierung« des Arbeitsmarktes, an Wettbewerb, an Deregulierung, an Verschlankung und dergleichen mehr. Die Arbeiter und kleinen Angestellten verzichten auf Urlaubstage, Lohnfortzahlung im Krankheitsfall, geregelte Arbeitszeiten, Inflationsausgleich – und lösen damit den Kreativitätsschub aus, den die Wirtschaft so dringend braucht, um wieder in Schwung zu kommen. – Ich gestehe, an dieser Stelle ist mir das Wort Kreativität endgültig verleidet.

Ich vernehme den Einwand: Du fragst die falschen Orakel! Für die Kreativitätsförderung durch Bildung hat weder die Meinung des Bundesbankpräsidenten noch die des Professors Bourdieu irgendeine Bewandtnis. Hör auf die Stimme der Vertreter von Wissenschaft und Bildung.

Im Sommer 1994 versandte der Deutsche Philologenverband ein »Memorandum« mit der Überschrift »Bildung – Kreativität – Innovation«, unterzeichnet von zahlreichen illustren Persönlichkeiten aus der

* Pierre Bourdieu: Warnung vor dem Modell Tietmeyer. Europa darf sich den neoliberalen Theorien des Bundesbankpräsidenten nicht unterwerfen, in: Die Zeit Nr. 45/1. November 1996.

Forschung, der Wissenschaftsverwaltung, der Bildungspolitik. Ich zitiere:

»Der Wirtschaftsstandort Deutschland bedarf des Bildungsstandorts Deutschland. Wir leben von der Kreativität der Menschen und der Qualität ihrer Arbeit. Für Deutschland als rohstoffarmes Land ist das geistige Know-How seiner Menschen die wichtigste Ressource.«

Ich raffe den weiteren Gedankengang, halte mich dabei aber an den Wortlaut des Textes. Die Sprache ist selbst eine Auskunft. – Wir stehen »in einem globalen Produktions- und Gedankenwettbewerb mit Milliarden von Menschen. Sie streben wie wir auf die Märkte.« Dafür müssen wir »Spitzenleistungen in Forschung, Wissenschaft, Technik und Kultur« erbringen und deren »marktorientierte Verbindung (sic) in Produkten«. Veränderungen, die das »zukünftige Denken« prägen, »müssen kontinuierlich in den schulischen Bildungsprozeß aufgenommen« und »junge Menschen für diese Wandlungen« geöffnet werden. »Die Vernetzung der Lebenssysteme erfordert eine Erweiterung bisher gewachsener Denkstrukturen«, das heißt, die »Wissensinhalte (müssen) überprüft« und »damit die notwendige Vernetzung zu einem Ganzen« hergestellt werden. »Kreativität und Erfindergeist können nicht ›eingeschaltet‹« werden – sie müssen »reifen«. Am Ende wird gefordert, daß »die gymnasiale Bildung um die ethische Dimension erweitert« werde. »Diese hat sich auch mit der Bedenkenmentalität gegen alles Neue und gegen großtechnische Projekte kritisch auseinanderzusetzen und ... dabei bewußtzumachen, daß jede Weiterentwicklung ... mit Risiko verbunden ist.«

Was ist die mir hieran wichtige Botschaft? Die Bildung akzeptiert die Sichtweise der Wirtschaft und den Auftrag, den diese ihr erteilt. Sie gibt ihren Anspruch auf eine Kreativität preis, die die Entfaltung eines – vernachlässigten – Teils unserer Persönlichkeit meint. Statt dessen geht es um die Einführung der neuen Technologien in den Schulunterricht und um »Spitzenleistungen« in Forschung und Technik, die Deutschland helfen, den internationalen Wettbewerb zu bestehen. Das sei mit einer skeptischen Einstellung nicht zu haben, sondern nur mit einer Risikobereitschaft. Und die müßten die Alten den Jungen nahebringen.

Ich sehe hierin geradezu eine Umkehrung des mit *creativity* Gemeinten und darum eingangs so ausführlich Dargestellten: Laßt die jungen Menschen ihren Weg gehen, gängelt nicht, zensiert nicht, wißt nicht besser – das verschüttet die mögliche Erneuerung, die Chance, die der Generationenwechsel für jede Gesellschaft in sich trägt. Kreativität läßt sich nicht in den Dienst einer herrschenden Ordnung oder gegebenen Einrichtung nehmen. Ein Produkt einer solchen – zum Beispiel des Marktes oder der Schule – kann sie nicht sein.

Unsere Bildungseinrichtungen sind alt und weise. Sie sollten dazu beitragen, daß die Menschen nicht meinen, sie könnten den mühseligen und entmutigenden Problemen ihrer Zeit entkommen – einfach so: nach vorn, ins ganz Neue, zu dem man nur »Mut« haben müsse und ein Zauberwort »Kreativität«. Neues, das mit dem Alten nicht fertig wird, ist nicht hilfreich. Ja, ich vermute, ein nicht unerheblicher Teil unserer Not besteht darin, daß wir zu viele unverstandene und nicht bewältigte Innovationen haben. Lebenslanges Lernen, das wir uns verordnen, ist eine Bemühung, dem Wandel gewachsen zu bleiben. Die Bildung soll den einzelnen befähigen, das Wichtige vom Unwichtigen zu unterscheiden, dem Wichtigen nachzugehen auch dann, wenn es neu, ungewohnt und zunächst vielleicht mühsam ist. Sie verleiht der Neugier Sinn; sie macht, daß wir Freude an kühnen neuen Werken haben können, indem sie die Gründe dafür liefert. Das Neue um des Neuen willen zu erstreben ist unernst – man hat es zu allen Zeiten den Kindern überlassen, für die alles neu ist, und den Eitlen, die der Mode folgen, dem, was man »neu« nennt.

Macht es etwas aus, wenn die richtige Sache mit falschen Worten bedacht wird? Schadet es, wenn, sagen wir, die Privatisierung von Post, Telefon, Bahn, Fernsehen, Polizei und vielleicht demnächst von Universitäten und Schulen, die aus anderen Gründen ohnehin geschieht, auch noch als »Kreativitätsbeitrag« gepriesen wird? In einem Kuratorium, in das ich geraten bin, war einem Mitglied desselben aufgetragen worden, sich Gedanken darüber zu machen, wie man die Wirtschaft für die Förderung des Sportes gewinnen könne. Der Redner hatte eine Lösung bereit: Beide, Wirtschaft und Sport, gründeten doch auf den gleichen Tugenden – Hochleistung, Ausdauer, Wettbewerb, Teamgeist, Spielraum und Spiellust. Das ist richtig, aber ein besonderes Interesse der Wirtschaft am

Sport konstituiert das nicht. Gute Wirtschaft profitiert von allem, wenn es gut ist: von Wissenschaft und Kunst, von Politik und Moral, von Familie, Staat, Nation. Vor allem aber: Was den Sport gut macht, wenn er dem Individuum dient, macht ihn gleich weniger gut, wenn er der Wirtschaft »dient«, sprich: wenn es im Dienst der Wirtschaft geschieht. Das korrumpiert den Beweggrund derer, die Sport treiben, und damit die Wirkung. Und ebendas ist auch bei der Kreativität so.

Am Ende dieses Abschnitts über falsche Motive sei noch einmal gesagt, daß es in der Tat richtige Motive, richtige Herausforderungen für eine Kreativitätsförderung im weitesten Sinn in unserer Gesellschaft gibt: die extreme Arbeitsteilung (sie erfordert Grenzgänger), die Standardisierung (nicht so sehr die von Gegenständen als vielmehr die von Arbeitsvorgängen: die Formularwelt), die Taylorisierung der Betriebe (Kienbaum!), die Laufbahnordnungen, die Professionalisierung fast aller Tätigkeiten, die Verrechtlichung fast aller Verhältnisse, die Objektivierung fast aller Erkenntnis zu sogenannter Information.

Dies aber haben wir nicht von ungefähr. Wir haben es gewollt. Es läßt mich vermuten, daß uns an wirklicher Kreativität gar nicht so viel liegt. Sie bringt ja so viel eigene Probleme, Schwierigkeiten, Unregelmäßigkeiten mit sich!

Ich war vor drei Jahren Gast einer Privatuniversität in Japan, um dort über Kreativitätsförderung in der Schule und in der Wissenschaft zu reden. Das Gebäude, in dem wir im 17. Stock tagten, lag neben dem neuen Rathaus, das sich weitere 50 Stockwerke über uns erhob. In ihm, selbst eine Stadt mit zigtausend »Einwohnern«, war die gesamte öffentliche Verwaltung der gedrängten 13-Millionen-Stadt untergebracht. Der Weg vom Flughafen zum Tagungsort betrug sechs Stunden mit dem Auto – in einer oben offenen Betonröhre – oder zwei Stunden in völlig überfüllter U-Bahn. *Divergent thinking* wäre auf beiden Wegen tödlich.

Ich habe damals versucht, mir kreative Beamte, kreative Verkehrsteilnehmer vorzustellen – und kreative Studenten, die die Marathontagung mit uns durchsaßen. Nein, dies war eine auf Disziplin, Fleiß, Berechenbarkeit, intelligente Organisation gegründete Welt. Hier wollte man nicht Kreativität, man wollte Produktivität, Ordnung, ein wenig Wohlbefinden und weiterhin vorn liegen, denn nur dieses scheint jenes zu sichern. *Creativity* war ein Schmuckwort, ein Luxus – entweder ein unpassender Begriff oder eine läßliche Heuchelei.

In unserer notwendig geplanten Welt sind kreative Leute nur in den dafür eingeräumten Laboratorien, den »Als-ob-Wirklichkeiten« zugelassen, nicht im Alltag. Am liebsten würde man eine geeignete, nämlich ökonomisch wünschenswerte oder erträgliche Innovationsquote ermitteln und anordnen: eingeplante Kreativität; oder eine Kreativitäts-Disposition anlegen, die (nur) aktiviert wird, wenn man sie braucht. Des bloß Neuen haben wir genug, wenn nicht zuviel; und die beschworenen »neuen Denkformen« sind ein *misnomer*, eine Fehlbezeichnung für vernünftiges Denken, das schwierige Sachverhalte, Gegenwärtiges und Zukünftiges, Mögliches, Unvermeidliches, Wün-

schenswertes verbindet – nicht einfach der Sache ange-
messen, sondern die Sache im Wortsinn beherrschend
und sie verfügbar machend. Kreatives Denken ist in erster Linie befreites Denken – nicht gehemmt von
Furcht oder Routine oder perfektem Vorbild –, es ist
kein anderes Denken. Die Spontaneität, die in solchem
Befreitsein zur Geltung kommt, kann man nicht »ver-
anstalten«, methodisieren, einüben – das widerspricht
ihrem Wesen; auch Ermutigung muß sie verfehlen; vollends läßt sie sich nicht »in Dienst« nehmen.

Mit anderen Worten: Wo immer wir von der Kreativität ein Wunder erwarten, werden wir es nicht bekommen. Wir müssen das mühsamer werdende Geschäft der Politik, der Wirtschaft, der Wissenschaft,
der Pädagogik weiterhin mit den großen alten Tugenden bewältigen und dürfen froh sein, daß es immer
wieder die Glücksfälle der Hochbegabten, der Schöpferischen, der heiteren Hermeskinder gibt.

Lob des Mangels

Damit habe ich zu meinen Schlußüberlegungen überge-
leitet. »Wo bleibt das Positive?« Es liegt wesentlich in
der Bescheidung. Man kann Kreativität nicht so sehr
»fördern« oder gar »herstellen«, man muß sich die Ver-
hinderungen klarmachen und diese vermeiden oder
ausräumen. Die machtvollsten Verhinderer sind die unbewußten: Sättigung, Gewißheit, die Folgen des Reich-
tums und der guten pädagogischen Absicht. Wir machen es den jungen Leuten an den falschen Stellen zu
einfach (und an anderen zu schwer!). Wir liefern zuviel

Ordnung, zuviel fertige Lösung, zuviel Perfektion und System; auch zuviel Wissenspräparate (*prae parata* = Vor-Bereitetes), zuviel Gerät, zuviel Spielzeug.

Ein EDV-Zubehör-Vertreiber bietet für die Herstellung »raffinierter Arbeitsblätter« einschlägige »erprobte Lernsoftware« an, die den Lehrern beispielsweise im Schreibunterricht das ersparen, was sie den Schülern zumuten: die Schriftzeichen ordentlich auf die Linie oder zwischen die Hilfslinien zu setzen. Der Computer simuliert die Handschrift für jede gewünschte Schriftart (die lateinische Ausgangsschrift, die Schulausgangsschrift, die vereinfachte Ausgangsschrift etc.), »für jeden Anlaß«, »zeitsparend« und – Gipfel der Anpreisungen! – gänzlich »problemlos«. Wäre es nicht hilfreich für den Schüler zu erleben, daß dieser Buchstabe oder diese Reihung von Buchstaben auch dem Lehrer Sorgfalt und Anstrengung abfordert? Was hier geschieht, geschieht überall: nachschreiben, nachzeichnen, nacherzählen eines immer perfekten und scheinbar mühelosen Musters. Wer wird da noch das unvollkommene Eigene wagen?

Man kann das auch positiv wenden: Wichtige Voraussetzungen für Kreativität sind
– die Erfahrung eines Problems, das einem selber zu schaffen macht – noch ohne Lösung, aber mit der berechtigten Erwartung, daß es eine gibt,
– ein ermutigendes Vorbild also,
– der Widerstand der Realität gegen beliebige Einfälle (weshalb Kunst nicht der einzige Anlaß für Kreativität sein sollte) und
– ein ermutigendes Echo, eine sachliche, nicht pädagogische Anerkennung.

In der Eisenbahn hatte ich neulich folgendes Erlebnis. Am Tisch im ICE-Großraum saß neben mir ein kleines vier- oder fünfjähriges Mädchen. Es hatte für die lange Reise einen Zeichenblock und eine Traumkollektion von 24 Buntstiften geschenkt bekommen. Die Mutter ermunterte es mit den Worten: »Nun fang mal an, kleine Künstlerin.« »Was soll ich denn malen?« »Vielleicht ein Haus?« »Welches?« »Irgendeines – guck doch mal aus dem Fenster!« Während die Mutter sich wieder ihrer Illustrierten zuwandte, schaute das Kind in die vorbeirasende Landschaft. Ratlos fing es an zu »malen«: Kreise, Krakel, Kreuze; es war offensichtlich, daß es dies noch nie recht versucht hatte; es konnte den Buntstift nicht halten; es mochte schon die ersten Linien nicht; es hatte keine Vorstellung von dem Bild, das hier entstehen könnte – und zerstörte das Angefangene sofort wieder. Ich war mit Schreibarbeit beschäftigt. Das Kind sah mir zu. Nach einer Weile fragte es: »Was machst du?« »Ich schreibe einen Brief an einen Freund«, schwindelte ich, denn die Wahrheit war zu kompliziert. Das Kind dachte nach: »Und *was* schreibst du?« »Was ich bei ihm vergessen habe und wie ich mich auf zu Hause freue und neugierig bin, ob meine Blumen noch am Leben sind und ob der Hund von meinem Nachbarn Junge bekommen hat...« »Ich habe auch etwas bei meiner Oma vergessen – meine Hausschuhe.« »Dann schreib ihr doch das und bitte sie, daß sie sie dir nachschickt!« sagte ich – und sofort fing die kleine Person an: Auf einem neuen Blatt ihres Blocks imitierte sie einen Brief; immer wieder innehaltend, erzählte sie mir, was sie jetzt schreibe: Weil ihr Nachbar keinen Hund habe, sondern nur einen Kater, der keine Kleinen kriege, könne sie »so was« nicht schreiben, aber wie er sie füttere und wo der Kater schlafe und daß er einen Luftballon kaputtgemacht habe, das habe sie der Oma zu erzählen vergessen. Katzen müsse man die Nägel schneiden. Ein anderer Luftballon sei fortgeflogen. Vielleicht nach Afrika. Da sei es heiß, und da platzten deshalb die Ballons. Wegen der Sonne seien die Leute dort auch schwarz. »Und wenn Oma zu uns kommt, soll sie mir Schokoküsse mitbringen, schreibe ich ihr…« So ging das eine gute Stunde lang, ein kleiner Dialog mit der eigenen Vorstellung, begleitet von einem immer regelmäßiger werdenden Auf und Ab des Schreibstiftes, das nun wirklich wie Schrift aussah. Ich habe dem Kind einen neuen weißen Umschlag geschenkt – das war gleichsam mein Applaus. Es hat ihn adressiert und zugeklebt und die Mutter um eine Briefmarke gebeten.

Da waren sie – die förderlichen Momente: Eine kleine, selbstempfundene Not, ein bißchen Anregung, ein Stück zustimmende Begleitung. Ich kannte dies von den fünf Kindern meiner jüngsten Schwester. Sie und ihr Mann sind Künstler; sie lebten, als die Kinder aufwuchsen, auf dem Land und auch von diesem – nicht arm, aber karg. Geld für Spielzeug oder gar modische Nutzlosigkeiten gab es nicht. Was die Kinder für Luxus hielten, was anderen selbstverständlich war – ein Fernsehgerät, ein Fotoapparat, Geschenke, die man kauft, wenn Eltern oder Geschwister Geburtstag haben –, das alles wurde von ihnen selber hergestellt: selbstgemalte Bilderbücher mit spannender Geschichte, exotische Stofftiere, Phantasieautos und

-flugzeuge; der Fotoapparat bestand aus einer kleinen schwarz angemalten Schachtel und enthielt die zu machenden Fotos schon auf einer Rolle, die dann für die Geschwister »entwickelt« wurde; ein Schuhkarton mit ausgeschnittenem Boden diente als Fernsehgehäuse; auf zwei Papierrollen liefen die dauernd erneuerten, selbsterdachten Programme ab. Die anderen Kinder in der Schule hatten Poesiealben, in die sie sich gegenseitig sogenannte Oblaten einklebten – kitschige Glanzbilder, die in der Zeit der Großeltern entworfen worden sind und noch heute diese Funktion erfüllen. Meine Nichte Ragin malte solche Bilder selber mit Filzstift, ironische und ernste Doppelgänger zu den üblichen, und konnte bald der ständig wachsenden Nachfrage ihrer Schulkameraden nicht mehr genügen; die war begreiflich, denn ihre Gestalten sahen aus wie richtige Menschenkinder – mit Sommersprossen, abstehenden Ohren, einer Fliege auf der Nase, einem Pickel am Kinn und lustigen Kleidern am Leib –, nicht wie die Putti von Raffael, und ihre Farben waren so kräftig wie die Situationen, in denen sie konterfeit waren: ein Mädchen auf einer Heringstonne, ein Baby in einem Brotkorb, ein Junge mit einem Igel im Arm. Es wäre nicht richtig zu sagen, Not habe Ragin erfinderisch gemacht. Diese Gabe hatte sie von sich aus. Aber wäre diese zutage getreten in einer Stube voller Spielzeug, ohne den Sog der Entbehrung und ohne die Erwartung der anderen?

»Lügen in Zeiten des Krieges« von Louis Begley heißt das wichtigste Buch, das ich im vergangenen Jahr gelesen habe. Der kleine Judenjunge Maciek überlebt mit seiner Tante Tanja im von den Deutschen besetzten Polen durch Tarnung und Lüge. Lügen – das sind nicht irgendwelche Phantasiegeschichten, sondern präzise, sich dauernd anpassende, dauernd der Wirklichkeit vordenkende Täuschungen:

»Meine Existenz war ein ständiges Problem, für das sich keine befriedigende Lösung finden ließ. Kinder waren in diesen Etablissements eine Seltenheit; sie erregten Aufmerksamkeit und beschworen damit Gefahr herauf. Fragen der Art, die Tanja und ich geprobt hatten, mußten beantwortet werden, bevor sie aufkamen, damit neugierige Wirtinnen und Mituntermieter gar nicht erst die Spur aufnahmen, die zur Wahrheit führen mochte: Warum hat die Familie die junge Frau nicht aufgenommen, warum muß sie statt dessen mit ihrem kleinen Jungen an diesem Ort ein einsames, fragwürdiges Leben fristen? Arm sind sie offenbar nicht, sonst könnte sie doch die Miete nicht bezahlen, die wir kaum aufbringen, die wir arbeiten, oder wir, die immerhin eine kleine Rente haben. Arbeitet sie denn? Nein. Und welche Rente haben eigentlich junge Leute wie sie? Ob die beiden am Ende Juden sind? Das müßte sich doch feststellen lassen. Mal sehen. – Ja, Fallenstellen macht Spaß.« (S. 110)

Ich kenne keine wirksamere »Schule« der Kreativität – und keine, an der klarer abzulesen wäre, daß diese nichts für sich allein taugt, daß Erkennen, Prüfen, Verstehen, Durchhalten hinzukommen müssen, ja, daß Erfindung an sich keinen Wert darstellt, sondern eines Zweckes bedarf. Der kann dann sogar die Lüge adeln.

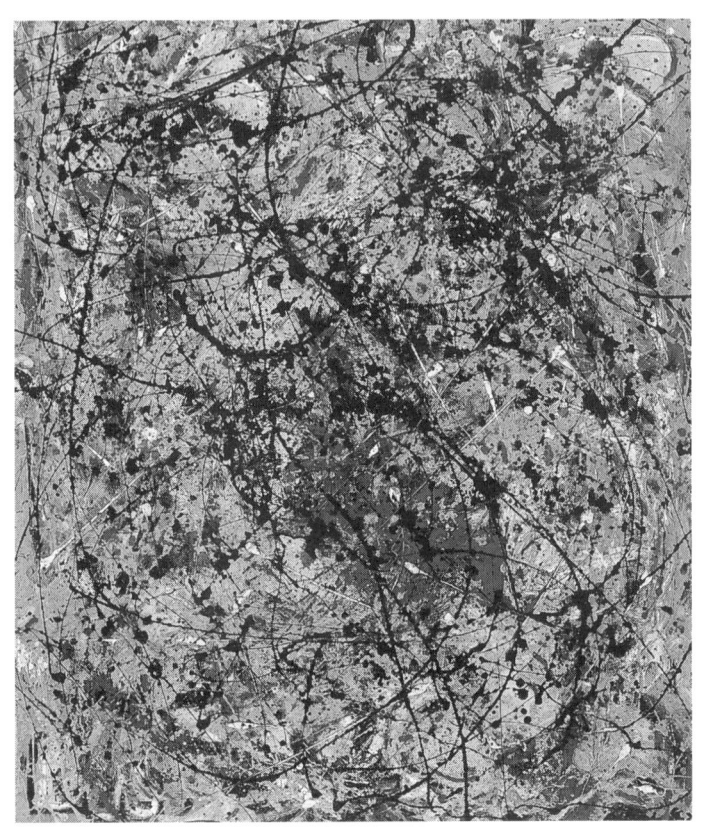

Umschlagabbildung: Detail aus Jackson Pollock:
Reflection of the Big Dipper/Widerschein des Großen
Bären, auch: Sternbild der Große Wagen (1947).
Öl auf Leinwand, 111 × 92 cm; Stedelijk Museum,
Amsterdam